기일혜 작가의 끝나지 않은 이야기 4

언니, 가을인가 봐요

기일혜 작가의 끝나지 않은 이야기 **4**

언니, 가을인가 봐요

창조문예사

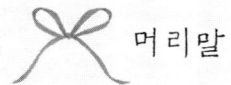 ## 머리말

   요즘은 사람들이 좋아하는 음식도 자극적인 게 많고,
일상용어도 그악스러워지고 있다.
   올여름 심한 무더위는 폭염— 삽시간에 쏟아지는 장대비는 물 폭탄— 어디 유순하고 안존한 말 없나?
   글 쓰는 사람인 나는 그런 말, 찾아내야 한다.
   동네 앞으로 흐르던 도랑물 소리 같이, 듣고 있으면 마음 가라앉혀지는 그런 말들을.
   이번 책 제목은 몸 약하고, 세상 것에 욕심 없는 동생이 한 말, 〈언니, 가을인가 봐요〉
   더 이상 설명 할 것도 없이,
   읽고 듣기만 해도 온화해지는 말이다.

   그러나 그냥 지나가는 듯한, 그 말속에는 세월이 인생이 평안이— 그리고 연약하고 조용한,
   영원으로 가는 부드러움이 있다.

2024년 10월 1일 기일혜

차례

머리말   5

1부_ 컵라면이 주식인 사람들

1. 언니, 가을인가 봐요   12
2. 오래된 아일랜드의 축복 기도문   13
3. 책은 내 이웃사촌이다   14
4. 사랑은 성내지 아니하고   15
5. 여보, 아마데우스!   16
6. 만남의 나비효과인가?   17
7. 수심에 찬 단풍나무들   18
8. 양배추 쌈에나 나를 바쳐야지   19
9. 일 잘하는 사람, 보는 것도 힘이 든다   20
10. 좋은 사람 단비 님   21
11. 손님이 없는 갤러리   22
12. 유행가는 세상 속, 시와 소설이야   23
13. 나는 아주 사적私的인 사람이다   24
14. 바쁘신 선생님, 보고 싶은 선생님   25
15. 혜선 님과 장연 님   26
16. 생명이 팔딱팔딱 뛰노는 여인   27
17. 내 푸른 소망은   28
18. 가장 값비싼 바이올린   29
19. 고흐는 탄광촌 전도사였다   30
20. 사람의 낯을 보느라고   31

21. 친구의 꾸지람	32
22. 정자동 편안한 집, 이사 가다	33
23. 성경, 영어로 암송하고 있습니다	34
24. 아는 게 많은 솔이 님	35
25. 컵라면이 주식인 사람들	36
26. 기억에 남는 냉수 한 잔	37
27. 내가 노인이라고요?	38
28. 부족함도 안아주세요	39

2부_ 폐지 줍는 노인을 위하여

1. 폐지 줍는 노인을 위하여	42
2. 한국교회의 사랑으로	43
3. 장바구니에 쌓인 20만 원어치 책	44
4. 철학이 있는 의상실	45
5. 시장 물건들이 사달라고 졸라서	46
6. '그 소읍'에서 대추차 주신 분	47
7. 먼저 다가가시고	48
8. 그때, 조금 변명해 볼게요	49
9. 먼저 인사한 노신사	50
10. 또 얘기하고, 또 얘기하고	51
11. 남편 밥 해준 것 하나밖에는	52

12. 제 마음을 보여드릴게요 53
13. '그 마음' 보러 마석에 가다 54
14. 97세 할머니가 기타 배우는 이유 55
15. 고춧가루 한 봉지만도 못한 내 책을 들고 56
16. 잃어버린 내 시간을 찾아서 57
17. 카프카를 생각한다 58
18. 해피트리 가지치기 59
19. 인간은 사랑스런 것만 사랑한다 60
20. 세상사 까마득하게 안 보일 때 61
21. 감사는 밥입니다 62
22. 새벽 1시까지 생각하다가 63
23. 자유의지 약하다, 상심 마세요 64
24. 〈파친코〉 쓴 소설가에게 듣다 65
25. 안 전해지는 사랑이 있나요? 66
26. 9kg 호박 들고 온 친구 67
27. 계모가 되었다, 어머니가 되었다 68
28. 당신, 뒤에서 보니 멋있네요 69
29. 연애할 때나 심장이 떨리지 70

3부_ 사람은 참말만 하는 거야

1. 세월이 마구마구 지나갑니다 72
2. 일에는 상상력이 필요하다 73
3. 갈비탕 두 그릇 사 가지고 74
4. 소요산 부인이 보내신 열무김치 75
5. 이 조용한 신음을 76
6. 완제품을 좋아하시네요 77

7. 사람은 마음 댈 데가 있어야   78
8. 내유동 시인 찾아가는 길   79
9. 엄마의 의미   80
10. 사람은 참말만 하는 거야   81
11. 새벽, 목련이 작열해서   82
12. 동탄 독자여, 외로워 마세요   83
13. 출출하신데, 붕어빵 사 드세요   84
14. 그 외국 애들, 남산 잘 다녀갔나 몰라   85
15. 뉴저지 친구와 소년들   86
16. 작심발언作心發言   87
17. 내 인생, 저녁에 만나는 사람   88
18. 컴퓨터 사용하는 사람들의 숙명입니다   89
19. 조시마 장로의 결투 현장   90
20. 고귀하고 아름다운 나약함   91
21. 옥수수 700kg 찌는 여인   92
22. 내게 죄송하다니요! 그런 것 없습니다   93
23. 내가 당당하다고요?   94
24. 내 표정은 내 마음이다   95
25. 아버지는 왜 일하러 안 가?   96

4부_ 한 사람을 세워주는 일

1. 아름다움은 나를 살아나게 한다   98
2. 독서하는 요양보호사 선생님   99
3. 한 사람을 세워주는 일   100
4. 남편의 지적 한마디에   101
5. 불미나리 뿌리 채 캐가지고   102

6. 우리 언니가 갔어요 (서울로)   103
7. 하 교수와 다섯 친구들   104
8. 웃으니까 더 아름다워요   105
9. 그날의 문 선생과 나   106
10. 학자가 되었으면 좋았을 동생에게   107
11. 저, 카드 여러 개 있어요   108
12. 결혼 축하 글, 잘 써야겠네   109
13. 존경심에 대하여 1   110
14. 존경심에 대하여 2   111
15. 토란국이 있는 식탁   112
16. 순임(정읍) 님과 전화하면 기분이 좋다   113
17. 가을이 길을 잃었나 봐요   114
18. 아버지가 좋아한 소설가   115
19. 오래된 아버지의 편지   116
20. 청심환과 솔이 언니   117
21. 창작의 고뇌   118
22. 슬픔 닦아주는 기쁨 있는데   119
23. 이 시대 가정 지킴이   120
24. 정희 님 댁 베란다 정원   121
25. 액자 제작   122
26. 주룩주룩 쏟아지는 빗속에 오신 손님들   123
27. 지극히 인간적인 남편   124
28. 늙은 남자는 죽은 남자인가   125
29. 엎드려 기어야만 보이는 것들   126

1부
컵라면이 주식인 사람들

언니, 가을인가 봐요

"베란다에 빨래 널러 나갔더니, 햇빛이 순해졌어요. 여름엔 쨍쨍 따갑더니… 언니 이것도 말이 되나, 햇빛이 순해진다는 것이…" "되고 말고, 정말 너도 시인이다. 사람은 다 시인이다."

"그래도 강도強度가 다르겠지요." "그러냐… 그렇구나, 평생 밥을 해도 밥 잘 못하는 사람도 있으니까."

동생은 이성적이기도 하다. 시인에도 강도가 있다고. 동생 말은 더 이어진다.

"… 언니, 가을인가 봐요. 금구초등학교(동생 집 근처) 애들 떠드는 소리가 들려요. 전엔 안 들리더니 공기가 맑고, 하늘이 맑아서 고기압이라 소리가 잘 전해져서 그런가…"

몸이 약한 동생, 언니 마음은 동생에게로 많이 흘러간다. 약한 자녀에게 부모 사랑이 가듯이. 약하다는 건 일종의 특권이다. 사람, 하나님 마음 붙잡아 두는 특별한 능력—

그렇잖은가.

오래된 아일랜드의 축복 기도문

"당신의 감자에는 서리가 내리지 않기를,
당신의 양배추가 벌레먹지 않기를 기도합니다.
당신의 염소에서 젖이 많이 나오고,
당신이 만약에 당나귀를 산다면 튼튼한 새끼를 많이 낳도록… 주여, 도와주소서!"

"자신을 위한 모든 건 가짜"라는 말이 있다. 그렇다면,
"남을 위한 모든 건 진짜"라는 말이 된다.

이웃을 위한 아일랜드의 축복 기도문은,
듣는 이의 마음을 무한정으로 순하게 한다.

인간의 이기심, 탐심을 죽이고 이웃 사랑하는 마음은 하나님이 주셔야 한다.

책은 내 이웃사촌이다

 나에게 초밥 사주겠다고 하신 하계동 정죽(90세) 님.
 초밥 사가지고 내가 가야지 하면서… 몇 년이 흘렀다.
 오늘 가을볕 좋은 날 전화드리니, 그는 깜짝 반기시면서 지금 독서하고 있다고. "지금 내가 작가님 책 읽고 있는데… 읽고 또 읽고, 또 읽고 해요. 영암 조 선생님 얘기가 많이 나와요. 재미있어서… 책은 이웃사촌이지요."

 "예? 책은 이웃사촌이라고요? 어쩜 그런 말씀을 다 하실까? 아무도 그런 말씀 안 해요."
 "… 내가 지금도 정신적으로 머리에 그리는 게 어머니밖에 없어요. 얼마나 훌륭하신지…" "고향, 강진 작천이라고 하셨나?… 그 무슨 고개 넘어 냇물이 맑다고. 저도 가끔(생각으로) 그 냇가에 가서 앉아있답니다."
 "감당고개… 지금은 보가 생겨서 없어졌을 거야… 오려고 말고, 전화나… 이 나이에 외출은 안 돼, 동네나 한 바퀴 돌지."
 "예, 동네나 한 바퀴 돌아야지요."

사랑은 성내지 아니하고

여름날 아침 아파트 내, 정원의자에 앉아 이번에 나온 내 책을 보다가 걷는다. 나무들과 하늘과 구름을 번갈아 보면서 걷는다. 얼마 후, 책은 벤치에 놓아두고 한참을 걷다보니, 내가 앉았던 벤치에 중년 여인이 앉아있다. 그리고, 아까 보던 내 책이 안 보인다.

가까이 가서, "여기 책이 있었는데, 안 보이네요."

"내가 깔고 앉았어요." "예에?…"

여인이 깔고 앉았던 내 책을 들고, 씁쓸한 기분으로 집으로 가려다가, 생각한다— 돌아선다—

나는 그 여인 옆으로 다시 가서 말을 건넨다.

"이 책, 제가 쓴 책이어요."

"나는 애들이 버리고 간, 책인가 하고…" "그러셨어요."

그는 서울 유명교회 출석한다면서 여러 얘기를 해준다.

그 얘기 즐겁게 듣다보니, 나도 평안해지고… 그가 주일이라고 일어난다. 나도 일어난다. 어디 가서 평안을 사랴?

내가 낮추고 들어가면 평안이 내게로 들어온다.

여보, 아마데우스!

동네 친구 집에서 놀다, 밤 10시 30분 쯤 귀가한다.
그날은 남편이 유난스럽다.
"이렇게 늦게 다니면 안 되지." "동네인데 어때요?"
"그래도 10시 넘으면…"
동네라도 너무 늦게 다닌다고 남편에게 야단맞고, 내 방에 들어와 있다. 쓸쓸한 기분이다.

토요명화 "아마데우스" 본다. 영화 중 주인공 모차르트 보다가 생각난다. 내가 극동방송국(라디오) 〈주일 드라마〉 쓸 때(3년 반), 그 방송이 심야에 재방송되었나, 어느 불면증 환자(여)가 내 드라마 애청자라면서 전화했다.
"선생님 글은 모차르트 음악 같아요. 영롱하고…"
그 말이 생각나 영화 주인공 모차르트 주의해 보다, 나도 모르게 거실로 뛰어나가— "여보 아마데우스! 영화 모차르트 보세요. 나 같은 데가 있어요. 극동방송 드라마 쓸 때 어느 청취자가 듣고, 내 글 모차르트 음악처럼 영롱하대요."
묵묵부답인 남편. 그래도 화는 좀 풀어진 듯.

만남의 나비효과인가?

"샬롬! 한○식 목사입니다. 오늘 하루를 멋지게 만들어 주셔서 깊은 감사를 드립니다.

태어나시면서 '천로역정의 갇힌(?) 인생'을 간증해 주시고, 인생후배들에게 꿈의 씨앗을 심어 주시니, 어찌 멋진 날이 아니겠습니까! 의미를 담고 인생대본을 써 너려가겠습니다."

얼마 전 어느 친구 만났을 때, 그가 지나가는 말처럼 "한 목사님이 안부 물으시던데요." 해서 그만 반가워, "내게 안부를 전하시다니… 그분을 잘 모르지만 점심 대접 할게요."

그 뒤 어제, 목사님 네 분, 친구와 내가 만났는데, 위에 글은, 내게 안부 전한 그 한 목사님이 나 만나고 가서 보낸 글이다. 그의 안부 한마디에 반가워했더니, 그의 훌륭한 글까지 받게 되고… 이것도 '만남의 나비효과인가?'

신간 나오면 드리겠다고 하니, 한 목사님이,
"그때, 작품 하나씩 써가지고 만납시다."
그들에게 배우려는 마음에서 나는 그러자고 했다.

수심에 찬 단풍나무들

그날 아침, 아파트 산책로 걷다 벤치에 앉아 단풍나무들 본다. 나무들이 수심에 차 있다. 장차 올 낙하를 예감해서 저러나? 단풍잎들 끝이 말라 갈색이다. 가을이구나, 하늘을 본다.

아침마다 아내 운동시키는 할아버지가 휠체어에서 아내를 내려 긴 나무의자에 앉히고, 늙은 아내 곁에 앉는다.
아내가 곧 떨어져 앉는다. 할아버지가, "왜 그러지?"
"이렇게 떨어져 앉아야 편해요."
할아버지는 더 말도 못하고 썰렁하니 앞만 보고.
수심에 찬 단풍나무 잎처럼 쓸쓸해 보인다.
휠체어로 운동시켜줘도 할머닌 할아버지에게 냉정. 알 수 없는 설음이 차오른다. 알 수 없는 설음이 차오르는 오늘— 누구에겐가 가고 싶다. '사람들은 다 바쁘다.' 그래도 오늘 '나 바치러' 갈 사람은, 예술성 있고 인성 좋아야—
나는 내 마음이 가는 사람에게만 가는 큰 결점이 있다.

양배추 쌈에나 나를 바쳐야지

 그날, 나를 바치려고, 동네 친구한테 간다.
 폐를 안 끼치려고 컵라면 두 개 들고. 그는 분주하다.
 "3층 여자가 급하다고 부탁하네요…"
 그는 3층 이웃이 부탁한 '가방에 끈 다는' 작업 하고 있다. 기다리는 내게 사과즙 한 봉지 마시라고— 그렇게 1시간 이상 무의미하게 기다리다 컵라면 먹고 갑자기 어지러워진 나.
 "선생님 얼굴이 창백해요. 모셔다 드릴까요?"

 "혼자 갈 수 있어요." 집으로 천천히 걸어도 비틀거려 남편에게 전화하니, 조심해서 오라는 말만. 겨우 집에 도착하니, 남편은 휴대폰으로 문자 보내느라 안방에서 얼굴도 안 내밀고. 사람은 저마다 일로 바쁜데, 그들에게 나를 바치겠다는 엉뚱한 생각이나 하고… 양배추 쌈에나 날 바치자—
 힘내서 저녁 준비한다. 마늘, 양파 다져 양념장 만들고 고기도 굽고, 양배추 깻잎쌈에 나를 바치니 편안하다.
 그래도 마음 한 구석에 남는 쓰라림, 이게 인생이다.

일 잘하는 사람, 보는 것도 힘이 든다

 사람들은 다 자기 일로 바쁜데 나는 나, 바칠 사람이나 찾고… 어제 동네 친구에게 갔을 때, 그는 분주했다. 3층 여자가 급하다고 도와 달라 해서, 가방 끈 다는 일 하느라고.

 나는 한 시간 이상 기다린다.
 일 잘하는 사람, '무의미하게' 보고 있는 것도 힘이 든다.
 '내가 보는 앞에서 저렇게 손 빠르게 일 잘할 수 있나? 나 같으면 주눅 들어서 못 한다.'
 그는 당당하고 올곧아서 상대에게 할 말도 하고—
 자기 생각, 논리정연하게 말하고. 능력 많은 여인이다.
 나는 잘하던 일도 누가 보면 못하고. 혼자 가만히 두어야 제 페이스 찾는다.

 친구와 나는 이렇게 다른데, 오늘 왜 나 바칠 사람으로 그를 찾아왔을까. 이웃이니까, 내 글 인정해서—
 나와 달라도 나를 인정해 주면 좋다.
 때로는 조심스럽고 외롭기도 하지만.

좋은 사람 단비 님

"착한 사람은 많다. 그러나 착하면서도 피해의식 없는 사람은 드물다. 착하고 피해의식 없어야 좋은 사람이다."

나는 착하지도 않으면서 피해의식은 많다. 마음 아프게 말 하는 사람은 피해진다. '내 맘이 너무 아프니까.'

피해의식 없애려면 '초월성' 가져야— 상처 안 받는다.

그렇게 좋은 사람 가끔 본다. 이번엔 단비 님. 그 댁에서 점심 들고 담소할 때, 그가 나를 보면서 하는 말, "어떻게 하면 그렇게 90세(남편)까지 해로하세요." 작년인가, 남편 보내셨는데, 그런 덕담하신다. 남편 먼저 보낸 한 친구는, "남편 얘기 하는 사람 가장 싫어!"

그런데, 단비 님은 아기처럼 선한 눈을 껌벅이면서 그런 말 담담하게. 그의 초월성, 주님도 칭찬하실 것.

감동이 메마른 자에게 단 비 같은 단비 님. 그에게 하는 내 속에 말은, '시詩는 뭐 하려고 더 잘 쓰려고 해요. 하나님이 당신을 받으시는데.'

손님이 없는 갤러리

우면동 양자 님 댁에 가면, 거실 마루가 반짝인다.

그는 말한다. "하루 한번 손으로(물걸레) 닦아요. 언니도 '늬네 집은 왜 이렇게 깨끗하냐'고 해요."

그 뒤 우리 거실을 그렇게 닦다 힘들어서 그만두고—

오늘 아침, 맑은 가을인데 만날 사람도 없고. 거실에다 꿈을 심는다. 스펀지매트, 밝은 색으로 뒤집고, 희미한 보라색 봄 누비이불로 카펫 대신하니, 분위기가 새롭다. 그런데 이 아름다운 갤러리에 올 손님이 없다. 얼마 뒤, 거실로 나온 남편에게, "갤러리는 아름다운데, 올 손님이 없네요."

"누가 들으면 웃겠네… 비 오는 종로거리, 우산도 안 받고 가는 사람 보고 웃듯이…" "예! 뭐라고요?"

내가 요절복통하며 웃자, "이장희 '그건 너' 가사야."

남편이 계속 말한다. "손님이 한 사람인 갤러리네."

"예에?…" 나는 남편을 갤러리 손님으로 생각 안 했는데, 남편은 자기가 손님이라니!

사람의 생각과 예상은 빗나가서 재미있다.

유행가는 세상 속, 시와 소설이야

손님이 하나뿐이라는 우리 집 거실정원에 앉아있는데, 남편이 "그건 너" 노래 가사를 대강 말해즈기에 듣는다.

"어제는 비가 오는 종로거리를 / 우산도 안 받고 혼자 걸었네 / 우연히 마주친 동창생 녀석이 / 너 미쳤니 하면서 껄껄 웃더군 / 그건 너, 그건 너, 바로 너 때문이야"

비가 오는데, 우산도 안 받고 혼자 걷는 사람이 바로 나 같은 사람이라니, 내가 요절복통하며 웃는다.

나는 그 노래 가사를 듣고 나서, "당신 참 모르는 게 없구나. 당신한테 많이 배워야겠네. 이제 당신하고 대화도 많이 하고." "… 유행가는 세상 속, 시와 소설이야."

"그 말도 대단하네." "아 그 송○○ '유행가'라는 가사 속에 있어. 유행가 속에 슬픔도 인생도 있다고."

"등잔 밑이 어둡다고 당신을 너무 몰랐네."

내가 남편을 무시하고 살았나? 내가 남편을 무시했다면— 그가 내 가까이 있기 때문이다.

나는 아주 사적私的인 사람이다

우리 집 아담한 갤러리(거실)에 맨 처음 초대하고 싶은 손님은 순천북부교회 출석하시는, 이 선생이 칭찬하신 남자 성도님(전에 초대했으나 거절?). 그는 내 책 꼬박꼬박 주문해서 이웃과 나누신다고. 나는 아주 사적私的인 사람이다.

다음은 단비 님. 착하면서도 피해의식 없는 좋은 사람이니까. 그다음은 "그 소읍" 독자. 내게 대추차 가득 주신 분.

웅도 유순 님도 모셔야지.

"우리 집에 분꽃 보러 오세요." 오래 전, 복도식 아파트에서 살 때, 봄부터 가을까지 화분 10개에서 피워내는 분꽃이 만발해서 쓴 글 제목이다. 좋은 것 보면 공감하고 싶어서.

그러나, 누구만 오라는 건 인간적인 속 좁은 생각이고, 오고 싶은 분은 다 오셔요. 긴 나무의자가 둘, 모네와 르노아르, 내 이야기가 있는 갤러리에서 고단한 인생 잠깐 쉬어 가셔요. 그리고— '너의 이야기 속으로, 나의 이야기 속으로 들어가서, 우리의 이야기를 만들어내야지요.'

바쁘신 선생님, 보고 싶은 선생님

지하철 가산디지털단지역 부근에 사는 독자 채옥 님은 살림하면서 가게 운영하기에 바쁘다. 밤 12시 넘어야 하루 일이 끝난다. 나도 하는 일 없는 것 같지만 집안 살림과 글쓰기, 사람 만나기에 바쁜 사람. 요즘 안 바쁜 사람 어디 있으랴. 그런데 짧은 두 마디에 함축해서 보낸 채옥 님 글이, 문득문득 떠오르면서 글 보낸 이 마음을 생각하게 한다.

"바쁘신 선생님, 보고 싶은 선생님" 우리는 정작 무엇에 바쁜가? 아니, 보고 싶은 사람이 있기나 한가?

과학 발달로 사람 몸, 마음의 신비도 낱낱이 파헤쳐져 가는 시대에, 아직도 어린아이처럼 내가 보고 싶다고.

요즘 누가 사람을 보고 싶어 하고 그리워할까? 그가 아직 나를 모르기 때문이다. 사람 마음 다 알고 나면— "만물보다 거짓되고 심히 부패한 것은 마음이라 누가 능히 알리요마는" (예레미야 17:9) 그래도— 사랑은 허다한 허물을 덮는다.

허물 덮어가면서 살아야— 보고 싶은 사람도 있고,
그리운 사람도 있다.

혜선 님과 장연 님

 출발 1시간 30분 후, 경의중앙선 탄현역 도착. 개찰구 앞에 장연 님이 마중 나와 있다. 여전히 세련되고 개성 있는 용모, 옷차림이 나를 약간 긴장시킨다. 우리는 대기한 혜선 님 차 쪽으로 가는데, 장연 님이 내가 건강하다고.
 나는 웃으면서 "난 건강을 만들어요. 여기 오면서도 내내 가슴 울렁거렸어요. 사람 만나러 갈 때, 난 내 인생 다 들고 가는 사람 같아요. 그렇게 온 심신이 막 움직이지요. 오늘 만남에도 그렇게 심신 운동 많이 한 겁니다…"
 "놀랍습니다."
 우리를 기다리고 있는 혜선 님 차로 그 댁에 도착.

 그 댁에서 점심 들고, 장연 님이 가지고 온 고급 캔디에 차 마시는데, 장연 님이 캔디 맛을 묻는다.
 "맛이 어떠세요?" 순한 무국 좋아하는 내 대답은,
 "아기자기하게 황홀한 감미" 장연 님이 웃는다.
 그들은 요즘 짧은 시에 사진 곁들인 "디카 시" 쓰고 있다. 두 사람, 친구지간이지만 서로 존경하는 모습이 보기 좋다.

생명이 팔딱팔딱 뛰노는 여인

"선생님의 글은 살아있어서 펄펄 뛰는 물고기처럼 생기가 납니다." 혜선 님이 보낸, 이 글 한 구절이 새겨져, 펄펄 뛰는 가슴으로 그들(혜선 님, 장연 님) 만나러 간 적이 있다.

좋은 말 들으면 심신이 뛰놀고, 안 좋은 말 들으면 그만 심신이 위축되고.(안 좋은 말 들어도 위축되지 않아야 하는데)

오빠와 동생 집에 간 날이다. 그날 저녁식사 후, 동생은 우리를 배웅하면서 "오빠는 저 나이(90세)에 저렇게 멋있다니!…" 그런데 동생이 무슨 생각인지 내 옆으로 와서, "형부는 더 멋있지, 배우 저리 가라지."

난 그리 생각 않기에 묵묵부답—

집에 와서, 무료한 남편 기분 전환용으로, "동생이 형부 멋있다고, 배우 저리 가라지, 합디다." 맥없이 말했는데, 남편 표정이 살아난다. 처제 칭찬에 늙은 형부 가슴도 움직이는가… 동생은 누구에게나 최고로 칭찬하고, 모든 음식이 다 맛있다는, 생명이 팔딱팔딱 뛰노는 여인이다.

내 푸른 소망은

광주 박 시인이 출석하는 빛고을광염교회에 갔다. 교회 식구들 중심으로 박 시인이 인도하는 문예창작반 교실이다.

강의에 앞서 박 시인이 나를 소개한다.

"… 나는 기 선생님을 한국의 예언자, 라고 감히 생각합니다."

내게 충격으로 꽂히는 말 '예언자!'

예언이라고 하면 흔히 선지자가 미래를 말하는 것이라 생각한다. 그러나, '성경에서 말하는 예언은, 하나님 말씀을 맡아 전하는 자. 하나님 말씀, 너무도 사모하여 그 말씀 누군가에게 들려주지 않으면 못 견디는 마음의 상태.'

이게 예언이라고.

"그 후에 내가 내 영을 만민에게 부어 주리니 너희 자녀들이 장래 일을 말할 것이며(예언) 너희 늙은이는 꿈을 꾸며 너희 젊은이는 이상異像을 볼 것이며"(요엘 2:28)

84세— 푸른 내 청춘(?)의 소망은—
하나님 사랑하는 삶을 몸으로 살아, 글로 전하는 것.

가장 값비싼 바이올린

"세계에서 가장 비싼 바이올린은 스트라디바리우스가 제작한 것입니다. 그런데 그의 85세 이전 작품은 수 십억 호가한다면, 85세 이후 작품은 수 백억을 흐가합니다… 성령 하나님의 사랑과 함께 한 사람들은 젊은 시절보다 몇 배 값진 인생을 (노년에) 살게 됩니다. 성령이 오시면 내 인생이 정확하게 해석되기 때문입니다."

내가 80 넘어선 전보다 책을 더 많이 내고 있다. 양量이 중요하지 않지만 양도 필요할 때가 있다. "하나님이 세상을 이처럼 사랑하사 독생자를 주셨으니 이는 그를 믿는 자마다 멸망하지 않고 영생을 얻게 하려 하심이라."(요한복음 3:16)
"하나님이 세상을 이처럼 사랑하사…"
여기에서 세상은 '안 믿는 사람'도 포함한다.

수필집 50권 쓰고 얻은 결론은, 전에 쓴 글보다 쉽게―
독자에게 내 사상, 작가관 어렵게 알릴 필요가 없다―
진리의 삶만 간결하게.

고흐는 탄광촌 전도사였다

생각하면 카프카와 다르게 애잔한 고흐—
그는 청년시절, 네덜란드 탄광촌의 전도사였다.
"고흐는 죽기 2년 전에 에밀데르니르에게 보낸 편지에서 신학자 같은 말을 했습니다.

'그리스도(예수님) 만이 유일하게 어떤 철학자나 마술사들이 말할 수 없는 영원한 생명을 선포하셨습니다. 무한하시며 사망이 없고 가장 중요한 확실성 그 자체가 되셨습니다. 그리스도만이 고요함과 예배의 필요성이자 존재의 이유 그 자체입니다. 그 어떤 예술가보다 고요한 가운데 사셨으며 살아있는 몸으로 사역하셨습니다.'"

고흐는 전도사로 사역하면서 그의 옷과 신발까지도 가난한 이웃에게 주면서, "예수님께서 그러셨듯이 저는 가난한 사람들의 친구입니다…" "세상 예술가, 학자들은 고흐의 종교적 색채를 제외하고 고흐 그림을 잘못 보고 있다."
예수님 말씀대로 살려고 한 고흐 그림을— 다시 본다.

사람의 낯을 보느라고

"선생님, 내일 제 간증 들으러 오세요." 친구가 부탁해서 갔다. 남편이 그 교회에 드릴 예물로 만 원 줘서, 내가 적다는 표정. 남편이, "우리 형편에 이게 적다고 생각하는가?"

그 교회(동네)에 드릴 선물로, 내 책 15권 이고 가서— 친구 간증 잘 듣고, 헌금시간이다. 그날은 그 교회 창립기념 감사주일. 지갑 털어 2만 3천 원 봉투에 넣고, 감사 내용도 쓴다. "하나님 아버지 저는 창립기념예배, 모르고 왔어요. 적은 예물이지만 드립니다. 용서하십시오."

그런데 그 예물, 망설이다가 부끄러워서 끝내 못 드리고 왔다. 이런 내게 하나님 음성이 들리는 듯 같다. "언제 내가 많은 예물 드리라고 하더냐? 가난한 과부처럼 적은 것도 온전히 자원하는 맘으로 드리면 되지. 그런데 넌 인간적인 맘으로 적다고 부끄러워하느냐?"

그 헌금 봉투는 지금도 내 서랍 안에 있다.

나는 아직도 사람의 낯을 보면서 산다.

친구의 꾸지람

 그날 그 동네 교회에 가서 예물이 적어, 부끄러워서 망설이다 못 드리고 왔다는 내 얘기. 그날 간증한 친구는 다 듣고 나서 언성을 높인다. "선생님, 만 원이 적다고 생각하세요? 선생님 같은 노년에 왜 그게 적은 거라고 생각하세요? 선교사님 입장도 생각해야지요…"
 친구는 얼마 전부터 내 남편을 선교사님이라고 부른다.

 "지금까지 선생님(기일혜) 뒷바라지만 하셨는데… 선생님은 책도 돈 주고 사다 퍼주시고, 돈도 일 푼도 못 버시면서—"
 대꾸할 말이 없는 나는 친구의 꾸지람을 경청한다.
 "이제 책도 그만 보내시고!…"

 '그럼 난 무슨 기쁨으로 살아?'
 거저 받았으니, 거저 드린다.
 대가나 보상 없이 선물하는,
 이 기쁨만은 놓치고 싶지 않다.

정자동 편안한 집, 이사 가다

정자동(분당)에서 가장 편안한 집(이소영 님)으로 놀러 갔다. 유순 님, 경숙 님 셋이서. 그날 대화 중에, 소영 님이 거기서 이사 가신다고. 내가 놀라서 "그럼 이 거실은 어떡하지?"

"이보다 더 아늑하게 만들어 드릴게요." '한번 이 거실에 뺏긴 내 마음에 다른 거실이 들어올까?' 하다, 마음 고쳐먹고 새로 이사 갈 '새로운 거실'에 희망을 두기로 한다.

그날 그 댁 점심은 호텔 수준의 비프스틱 파스타, 곁들인 한식으로 홍어회, 갓김치. 그리고 파인애플에 사이다 섞은 듯, 연한 그린 색 주스 담긴 투명한 유리병, 더 투명한 얼음 조각에 싸여 여왕 같이 빛나고…… 그 댁이 편안한 건 여주인의 예술적 안목과, 어떤 무소유감이지만— 이번에 보니, 그는 말수 적은 여자다. 가정집 초대에 가면, 숨차게 털어놓는 안주인 얘기 듣다 지치기도 하는데, 초고급 점심 대접하고도, 잠잠한 그 안주인은 멋이 있다. 편안하다.

성경, 영어로 암송하고 있습니다

"… 가을이 되어, 독서하기 너무 좋은 계절이라는데, 저는 더운 여름이 좋은 것 같습니다. 올해 여름도 40도 가까이 오르내렸어도 가까이에 책이 있었기에 견딜 만했습니다.
  선생님 책 30권 정도 읽는 중에(1질 50권)… 선생님 책으로 인하여 영적으로 많이 성장하게 해 주시므로, 실제적으로 행함에 이르게 해 주시는 선생님의 글은 저에게는 또 하나의 성경(?)입니다… 요즘 성경을 영어로 암송하고 있습니다…"

"제 수필집 30권 정도 읽고— 영적으로 성장하셨다니— 또 하나의 성경이라니— 엄중한 책임, 제가 잘 감당해야겠군요." 내 글 읽고 영적으로 성장해서, 실제 삶으로 살아내는 채옥 님 보면— 두렵고 떨리는 마음이다.

독자가 내 글 읽고, 그가 영적으로 성장한다면, 그를 돕고 세워주는 일이다. 더 좋은, 무슨 일이 내게 있겠는가?

아는 게 많은 솔이 님

무더위가 계속되는 어느 토요일. 솔이 님(60대 초)과 점심 들러 가마솥 국밥집으로 들어갔다. 그 집은 1층에서 소머리, 뼈 등을 고아서 2층 식당으로 올린다. 1층 넓은 주방이 열린 공간인데, 깨끗하다. 그날 식탁에 나온 막 버무린 배추김치가, 갓 담은 김장 김치 맛이다. 외식하면서 이런 김치 맛은 처음이라 감격 잘 하는 내가, 고마운 맘으로 여주인께 내 작품인 책 한 권 드린다.

책에 사인한다. "서울에서 가장 김치 맛있게 담그는 가마솥 사장님께" 솔이 님이 '서울에서' 빼라는디, 그대로—

나중에 '서울에서' 빼면 좋았을 걸 했다.

솔이 님과 가끔 그 식당에 간다. 며칠 전에 갔더니, 사장님(여)이 부추김치 한 보시기 더 주신다. 솔이 님은 더 주신 부추김치 남기면 안 된다고, 남은 국물에 씻어서 다 들고.

고기는 건져 돌소금 뿌려 먹는 것도 그에게 배웠다.

그는 아는 게 많고, 난 모르는 게 많다.

컵라면이 주식인 사람들

가마솥 국밥 들고 난 오후, 우리는 지하철로 반나절 피서 여행— 2호선 이대역에서 지하철 타고 가다 서초역에서 내린다. 솔이 님이 "거긴 역 구내가 깨끗해서 커피 마시기 좋아요." 자판기에서, 나는 따뜻한 커피 그는 찬 디카페인커피 마시면서 얘기하고… 다시 지하철에 오른다.

승객 적은 오후, "하오의 연정" 영화가 생각나는 쾌적한 객실에서 우리는 대화도 하고, 조용히 침묵도 하고.

그리고 어디더라. 한참 가다가 4호선으로 환승하고, 7호선으로 또 환승해서 남성역 편의점에 들른다. 출출해서 컵라면 사 드는데, 옆에 초등학교 4학년쯤 된 남자아이 둘이 히히덕거리면서 컵라면 먹는다. 엄마 몰래 와서 사 먹는다는데, 한 아이는 반만 먹고 버린다. 우리는 컵라면 맛있게 다 들고.

고시촌 사람이나 공사판에서 일하는 가난한 젊은이들은 컵라면으로 끼니 때운다. '누군가에겐 주식이라는 컵라면' 솔이 님과 서서 먹으면서 각박하게 사는 이웃을 생각한다.

기억에 남는 냉수 한 잔

　수 십 년 전 내가 젊었을 때, 있었던 일이다. 시인 친구와 그의 지인 집에 들렀다. 때가 여름인데, 그 지인은 우리를 마루에 앉히고, 첫마디가 "우리 집엔 차 대접 없습니다."
　그리고 찬 물 한 컵 내놓는다. 대단히 주관이 뚜렷한 아주머니다. 관습 같은 걸 깨버리는.
　그 시절에도 손님에게 커피나 차 대접이지, 냉수 대접은 상상도 못 하던 때라, 놀라면서 많은 걸 생각했다. 시원하게 마신 그 냉수 한 잔을 기억하고 동생 집에서 나도 실천한다.

　동생이 이사 가, 새로 출석한 교회에서 심방 오시는 날, 그날 나도 동생 집에 있었다. 나는 동생에게 다과 대접 없애고 냉수 한 잔 대접하자고— 곧 예약한 식당에 가서 점심 드는데, 복잡하게 대접할 필요 없다고. 그날 목사님과 여러분이 심방 오셨는데, 다과 대접 없어도 만족하신 표정이다.
　복잡한 시대, 겉치레 삶—
　과감히 버리는 결단이 필요하다.

내가 노인이라고요?

엊그제 혼자 어렵게 사시는 친지 댁에 갔다. 추석 선물로 작은 봉투 하나 들고서. 돌아올 때, 그는 내게 냉동한 동태 전감, 굴비 두 마리 준다. 그때 옆에 있던 친지 친구가 냉동한 것들 신문지에 싸주면서, "이렇게 해야 안 젖어요."

그걸 들어 보니, 냉동한 거라 제법 무겁다.

다음날 그 친지와 통화 중, '어제, 자기 친구가, 노인(기일혜)에게 뭘 그리 무겁게 많이 주느냐?' 나를 생각하고 그런 말, 하더란다. "내가 노인이라고요?" 즉시 반박.

"나, 노인 아니어요. 그리고 자기 짐은 안 무겁대요."
"그래요… 자기 짐은 안 무거워요?"

어느 교회 노년(여, 81세)에게 누가 물었다.
"왜 엘리베이터 두고 계단으로 다니세요?"
"젊응께.(젊으니까)" 나도 그 노년처럼 말한다면,
"짐 안 무거워요. 젊응께."
나는 늙음의 기준을 몸 아닌 정신, 마음에 두는 것 같다.
좀 맞기도 하고, 좀 안 맞기도 하고.

부족함도 안아주세요

"기 작가님 안녕하세요… 책을 한 장씩 넘기면서 작가님의 소박하신 마음! 열정적 움직임! 남의 아픔을 가슴에 담는 마음! 주님 사랑하시는 믿음! 소소함에도 감동하시는 모습!

무엇인지 모르지만 나도 모르게 내 눈에서 눈물이 주루룩!~~~ 흘러내림은 무슨 의미인지, 찡! 하니 마음을 때리더군요. 그리고 장성이라는 그림이 더더욱 따뜻하고 동감하며 마음에 스며들었어요… 그래서 오늘도 잔잔한 감동과 나의 삶을 앞뒤로 바라보아집니다… 책장을 덮고 시원한 바닷가 숲속을 맨발로 걸으면서 설레임이 기분 좋은 바람결에 오늘도 잘 지냈구나, 미소 지으며 감사고백을 합니다… 책(글)으로나마 감사드리며, 늘 주 안에서 강건하시고 미래의 꿈을 이어가시길. 부족함도 안아주세요.

      2024. 6. 23. LA에서 독자 올림"

'부족함도 안아주세요.'
고향의 봄 같은 글이다.

2부
폐지 줍는 노인을 위하여

폐지 줍는 노인을 위하여

광주를 떠나면서, 나는 박 시인 만나러 간다. 봉투 하나 준비해서 들고. 장소는 "빛고을광염교회" 그 교회 목사님과 여럿이 시 공부한다. 시 공부 끝내고 박 시인에게 전하려고 준비한 봉투는, 내 제자들과 함께 점심이나 한 번 드시라고.

그런데 거기서, 대화 중 알게 된다. 그 교회 교인들은 길을 걷거나 차를 타고 가다, 폐지 줍는 노인을 보면 일단 멈추고, 준비하고 다니는 10만 원 봉투 드린다. '며칠 쉬시라는 휴가비'라고. 그 휴가비는 나중에 교회에 청구하면 된다. 구제가 참 실제적이다.

그 얘기 듣고 나는 망설인다. 제자들 점심값 30만 원, 이 교회 구제헌금으로 드리면, 폐지 줍는 노인 세 분은 며칠 쉬게 할 것 아닌가.

제자들 점심값, 빛고을광염교회 박 목사님께 드리고 왔다. 제자들도 내 맘과 같을 것이다.

한국교회의 사랑으로

광주, 빛고을광염교회에 들렀는데,
이런 내용이 적힌 편지글을 읽게 되었다.

"폭염 속에서도 정직하게 수고하시며 /
세상을 깨끗하게 해 주시는 어르신을 존경합니다. 그리고 /
이번 여름에는 한 일주일이라도 일손을 놓고 /
시원하게 쉬시면 좋겠습니다 /
약소하지만 한국교회의 사랑이 담긴 /
휴가비를 드립니다 /
사랑합니다. / 2024년 여름 빛고을광염교회 드림"

좋은 일 하면서 내 교회 내세우지 않고,
'한국교회의 사랑'으로 드리는 휴가비.
"빛고을광염교회" 창의성, 상상력이 뛰어나다.

장바구니에 쌓인 20만 원어치 책

"… 나는 곧 젊음을 졸업하고 청장년기에 돌입한다. 이 시기엔 어리단 이유만으로 미숙함을 이해받을 수 없으며 동시에 어른이 될 준비도 마쳐야 한다. 내가 도달하고 싶은 어른의 모습은 깊이 생각할 줄 알면서도 진부하지 않은 사람이다. 그리고 독서는 사유와 다양성을 덧붙이기 가장 좋은 활동이다. 이 글은 알라딘 장바구니에 쌓인 20만 원어치 책을 눈 딱 감고 결재한 뒤 쓴 글이다."(천현우 작가, 전前 용접 근로자) 청소년들이 한번 읽었으면 하는 글이다.

아버지가 60대, 서울 우리 집에 오시면, 책장에서 고른 책을 밤새 읽으시고 아침에 코피 쏟았다. 나는 독서가 매원 님이 보고 준 신간서적 읽고, 동네 도서관 이용, 아들이 인터넷에서 구입한 헌 책도 읽고. 요즘은 그것도 못 하고 있다.

위에 인용한 글쓴이는 어른 될 준비로 독서하겠다— 이번엔 20만 원어치 책 "눈 딱 감고 결재" 구세대 말 같지만 "책 읽는 사람이 세계를 지배한다."

철학이 있는 의상실

이사 간 광주 동생 집(아파트) 안방 꾸미기.

안방에 커다란 흙침대 하나, 윗목에 공기청정기, 방 옆으론 옷장이나 옷걸이. 이 보통스런 안방 분위기를 바꿔 본다.

동생 동의 받자, 내 상상력 발동.

상상력은 때로 모방에서 생긴다고 한다. 언젠가 우리나라 근대 초기 여기자였다는 분 댁 방문해서 안방을 보게 되었다. 한쪽에 의상실 같이 우아한 옷 몇 벌이 옷걸이에 걸려 있는데, 금방 입고 나갈 것 같이 자연스럽게 살아서, 90세 넘은 할머니 방을 젊고 활기차고 아름답게 만든다. '소품 하나가 방 전체 분위기를 이렇게도 신선하게 바꾸는구나.'

나는 동생 옷 중, 독특하게 아름다운 원피스, 모자, 머플러 몇 장 옷걸이에 걸어, 멋과 기품 있는 의상실처럼 만들었다. 그 뒤, 안방 문을 열 때마다 신선하고 환상 같은 게 느껴진다. 메마른 삶에서 가끔 필요한 환상.

그 의상실(안방) 이름은 "철학이 있는 의상실"

시장 물건들이 사달라고 졸라서

물건 값 잘 깎는 사람도 있고, 못 깎는 사람도 있고.

나는 물건 값 잘 못 깎아서, 시장에 잘 안 간다. 그런데, 광주 동생은 나보다 더한 것 같다. 그는 올여름에 입을 옷이 별로 없어 이사 간 동네 옷집에 들렀다. 맘에 든 원피스 한 벌 있어 사는데… 값을 깎는 건 고사하고 많다면 많은 거스름돈도 안 받으니— 옷집 여주인이 깜짝 놀라면서 하는 말.

"이 동네에서 옷가게 20년 했는데, 이런 손님은 처음이요. 모두들 한 푼이라도 더 깎으려고만 하는데…"

동생은 옷값 거스름 안 받는 건, 새로 이사 온 사람의 '정보 수집용'이라며 웃는다. 그렇게 해서 동생은 옷가게 여주인이 다른 사람에겐 안 빌려주는 책(운동에 관한)도 빌려다 읽고.

내가 시장에 잘 못 가는 이유 하나가, 시장 물건들이 사달라고 조르는 것 같아서라니, 어느 시인이 시적詩的이라고. 이런 나를 사람들은 과민으로 안 좋게 보는데.

시인의 심안心眼은 내게 우호적이면서 상상력을 준다.

'그 소읍'에서 대추차 주신 분

'그 소읍'에서 대추차 주신 독자가 보낸 글이다.

"보내주신 책 읽고, 김춘수 님의 시 '꽃'이 생각났어요. 많은 만남들을 한 사람, 한 사람 소중히 여기시고 먼저 다가가시고 지금까지 이어오시고… 저에게도 많은 만남이 있었는데, 그냥 스쳐 지나가는 만남이 거의였어요… 저에게 먼저 다가오셔서 칭찬해 주시고— 글로 표현해 주시고— 선물(책)까지 보내주시고…"

"내가 그의 이름을 불러주기 전에는 / 그는 다만 / 하나의 몸짓에 지나지 않았다. // 내가 그의 이름을 불러주었을 때 / 그는 나에게로 와서 / 꽃이 되었다. // 내가 그의 이름을 불러준 것처럼 / 나의 이 빛깔과 향기에 알맞은 / 누가 나의 이름을 불러다오. / 그에게로 가서 나도 / 그의 꽃이 되고 싶다. // 우리들은 모두 / 무엇이 되고 싶다. / 너는 나에게 나는 너에게 / 잊혀지지 않는 하나의 눈짓이 되고 싶다."

— (김춘수의 「꽃」에서)

먼저 다가가시고

'그 소읍' 독자가 보낸 글 중에서 나를 말한 이 대목.
"… 먼저 다가가시고… 지금까지 이어오시고…"
나더러 꼭 그렇게 살라는 말씀으로 들린다.
그렇게 살려고 했으나 잘 안 되었다.

나는 사람 마음의 아름다움에 늘 허기져 있다.
사람을 만났을 때 그에게 아름다운 마음 한 줌만 있어도, 그 앞에 엎드린다고 할까? 먼저 말을 건네고 감히 그의 친구가 되고자 한다. 오죽했으면 〈사람을 보면 나는 말을 건네고 싶다〉 이런 내 수필집 제목도 있다.

나는 늘 사람에 굶주려 있어, 조금이라도 아름답거나 진실하거나 연약하고 가엾은 데가 있으면—
나를 다 바치려고 뛰어든다.
'그 소읍' 독자에게도 '사람의 아름다움' 있어서,
내가 먼저 다가갔다. 오래 이어지기 바란다.

그때, 조금 변명해 볼게요

누가, 내 이름을 이리 사랑스런 맘으로 불러주실까?
그가 보낸 글 전부를 그대로 여기에 옮긴다.

"선생님~ 우리 사랑하는 선생님… 가슴 아프게 해서 죄송해요… 용서해 주세요.
혹시 나중에라도 뵙게 되면, 그때 조금 변명해 볼께요. 감사해요. 선생님 사랑해요…"
(주소 보냅니다. 전북 완주군 삼례읍 삼봉 5로…)

"참!… 글 잘 쓰시네요. 보내신 글 읽으면서 그 사랑스러우심에 풍당 빠져 버렸습니다…"

잘 쓴 글은, 가슴속으로 얼마나 치고 들어오느냐?
'선생님~ 우리 사랑하는 선생님' 60대 할머니가 어떻게 이런 천진한 마음으로 글 쓸 수 있을까?… 그는 이지적인 면도 있어 보여, 한 때는 그를 조심하기도 했는데,
사람은 모르겠다. 아주 모르겠다.

먼저 인사한 노신사

아파트 경내를 걷는데, 어느 노신사가 내게 정중하게 인사한다. 내가 특별해서가 아니라 한 아파트에 사는 이웃인 내게 하는 보통 인사다. 외모를 보아하니, 은퇴한 대학 교수나 총장님 같아 보이는데, 그가 먼저 정중하게 인사.

나도 인사하면서, "네에 죄송합니다."

나보다 연장자로 보이는 그에게 먼저 인사하지 못한 송구스러움에서 나온 말.

그는 신중한 걸음걸이로 한쪽 지팡이에 의지해서 똑바로 천천히 걷는다. 노년도 아름답다.

가끔 그 노년 신사의 정중함이 생각난다. 정중함도 매력에 드는구나. 빠르게— 뭔 말인지 못 알아듣게 말하는 젊은이를 보면 한숨이 나오면서 외로워지는데, 나이 많아도 예의와 겸손이 배어있는 정중한 태도는 사람에게 색다른 아름다움을 준다.

사람은 때를 따라 아름답다. 노추는 젊은 가치관에서 하는 말. 노년에도 미가 있다. 엄숙하고 처절한— 종말의 미 같은.

또 얘기하고, 또 얘기하고

어느 독자가 말한다. "작가님, 전에 나온 얘기가 또 나왔어요." 장충초등학교 선생님이던 동생 만나러 가다 만난 어린 소년, 자동차정비공 얘기다. 그 얘기가 전에 나왔는데, 이번에도 나왔다고 지적. 한 얘기를 또 할 때는, 그 얘기를 적용하는 주제가 다르기 때문이다.

심지어 똑같은 내 작품 전체가 그대로 두 번 나온 적도 있다. "이 세상에서 가장 애교가 많은 여자" "신혼여행" "내 그리운 시절" 이 세 작품— 작가가 소중히 여긴 작품이라는 걸 독자에게 각인시키려고. 작가 의도는, 이 작품이 중요하다— 꼭 주목해서 한 번 더 읽어줬으면 하는 뜻.

성경도 한 말씀 또 하고, 또 할 때가 있다—
"십계명"은 성경에 두 번 나온다. (출애굽기, 신명기)
내 얘기가 반복되면 주목해 달라는 부탁.
유한하고 부족한 인생, 절정의 작품이 많을 수 없다.

남편 밥 해준 것 하나밖에는

세상 떠나, 내가 하나님 앞에 섰을 때, 드릴 예물은?
내 글, 책도 아니다. 일의 성과나 결과물 아니다.
내 성품이 얼마나 예수님 성품 닮았느냐, 하는 것 아닐까?

그날 아침. 남편이 양배추 쌈 얘기한다. 그건 양념장에다 싸야 맛있는데, 만들기 쉽지 않다. 양파 다지듯이 썰고 생마늘, 청양고추 약간에 온갖 양념… 생각만 해도 힘든데, 그날 아침 따라 더 힘없는 내게, 남편은 양배추 쌈이 생각났는지,
"양배추 사다 놓은 것 있지?" 양배추라는 말에 그만, 복잡한 양념장 만들 생각에 짜증이 난 아내, "… 아무래도 무슨 조치를 취해야지— 이 몸으로 밥하고 살림은 못 하겠네."

남편 얼굴에 그늘이— 아내는 한참이나 생각하다가 결단!
"하나님께 갈 때까지 밥 할게요. 하나님께 내가 칭찬받을 일이라곤, 남편 밥 해준 거 하나밖에 없는데…"
불쌍한 이 시대 늙은 남편들 속에 내 남편도 들어 있다.
심각한 일이다.

제 마음을 보여 드릴게요

여수 새중앙교회에 강사로 갔을 때, 만난 성○숙 님.
오래전에 미국에 공부하러(신학) 가는 남편 따라갔다가, 몇 년 전에 귀국하셨다. 남양주 어디에서 목회하신다고 해서, 내가 가보고 싶다 하니, 마석역에 내리면 차로 마중 나가겠다고. 나도 그날이 기다려진다고 하니, 그가 하는 말,
"그때 저는 선생님께 제 마음을 보여드리고 싶습니다."
"제가 사모님 마음을 알아볼 수 있을까요? 성령님의 도우심을 구할 뿐입니다."
"진지하게 받아주셔서 감사합니다. 성령님의 도우심을 바라신다고 하시니, 평안하고 신뢰감이 더욱 깊어집니다."

"제 마음을 보여드리고 싶습니다."
어떻게 그런 생각을 했을까? 내 마음 몰라주는 사람들이 너무 많아서— 얼마나 많았으면 저런 말씀 하실까?
사람 마음을, 사람은 모른다.

'그 마음' 보러 마석에 가다

마석 사모와 통화 중, 그가 하신 말씀.

"선생님의 책 주문해 놓고(읽고?) 전화 못 드렸습니다. 제가 선생님께 선뜻 전화 못 하는 마음, 경외라고 할까요.

경외라는 말은 하나님께만 쓰지요?"

내 책에 대한 독후감 언급하는 것도, 나에 대한 예의에서 어긋난 것 같아, 선뜻 전화 못 했다는… 자신을 무한정하게 낮추는 그 마음, 내가 다 받을 수 있을까?… 없다.

그날 마석역에 도착한 내가 그에게 전화하니, 안 받는다. 그가 휴대폰 집에 두고, 나 마중 나왔다. 사람은 한 가지에 마음 차있으면 다른 건 안 보일 때가 있다. 부주의로 볼 수도 있지만, 나는 이것 하나만 봐도 그가 얼마나 매사에 전심으로 사는지 알 수 있다. 이런 그의 마음, 사람들이 몰라줄 수도 있다.

사람들이 몰라 주는 건 하나님이 알아주시고, 사람들이 몰라주는 일이 많을수록 그는 하나님과 더욱 친밀해지리라.

97세 할머니가 기타 배우는 이유

기타를 잘 치는 지인이 어느 실버타운에 가서 기타 가르친다. 재능기부다. 수강생 중에 97세 된, 그 시절에 명문 S대 졸업하신 여자 노인이 있다.

그에게 기타 선생님이 물었다.

"지금 기타 배우시려는 목적이 무엇입니까?"

"내 남자 친구에게 들려주고 싶어서요."

97세 할머니, 그가 그 시절에 명문대 졸업한 신식 여성이라지만, 기타 배우는 목적이, 남자친구에게 들려주고 싶어서라는 이유는, 내 나이 또래의 한국 여자 정서로는 이해하기 곤란하다. 그러나— 누군가를 즐겁게 하기 위해서, 97세 나이에도 기타 배우겠다는 열정은 얼마나 신선한가!

내가 기타를 배운다면 "어메이징 그레이스"

잠 안 오는 밤에, 혼자 부르고 싶다.

고춧가루 한 봉지만도 못한 내 책을 들고

 서울 외곽 어느 교회에 갔다. 사모랑 한 교우와 함께 근처 식당에서 식사하는데, 그 교우가 그 식당에 고춧가루를 줬다고, 식당 주인이 그를 극진히 대접한다. 바로 이튿날,
 내가 일이 있어 그 식당에 들렀다. 동행한 사모가, 교회에 헌신 많은 여주인이라고 내 책 드렸으면 해서, 그에게 성심으로 사인해 드리니, 그는 앉아서 별 표정 없이 받는다.
 어제, 고춧가루 준 그 교우가 우리 점심값으로 내민 카드는, 계산하고 돌려줄 때— 두 손으로 받쳐 무릎 굽히면서 공손히 바치더니… 당연한 일인데도 내 마음이 쓸쓸했다.

 그 식당 여주인에게 당장 뭐가 필요하겠는가? 고춧가루다. 눈앞에 일이 태산인데 책 볼 시간이나 있나? 내가 편협한 작가다. 언제쯤 나는 내 책 선물하면서 인간적 사심私心을 버릴까?… 오래전 출판사 편집실장과 50일 간 미국, 캐나다 강사로 갔을 때, 그의 말, "한국보다 여기서 작가님을 더 알아주네요." 먼지만도 못한 나, 알아주면 뭐 할 것인가?
 가소로울 뿐이다.

잃어버린 내 시간을 찾아서

올봄에 독자이신 웅도 박유순 님으로부터 인편으로 편지 받았다. 내 말로 요약하면— 오래전 분당 구미동 신축아파트에 입주하시고 몇 달 후, 다니던 교회에서 기일혜 작가 강의 듣고 팬이 돼— 그가 살고 있는 새 아파트 주민들과 '작가와의 만남 시간'을 만들었다. 그날 그들에게 선물할 책(기일혜)도 구입해 놓고… 그 후, 소식 없이 30년 지난 지금, 유순 님은 남편 목회지인 서산 웅도에 계시는데, 어느 선교사 님 통해 내 소식 듣고 편지 보내셨다.

나는 30년 전 그때 일, 아무리 기억하려고 애써도 생각 안 난다. 배은망덕한 내 망각이 한스럽다. 허나 이런 배은망덕도 일을 한다. 그때 유순 님이 기일혜 작가에게 한 헌신— 내가 잊은 채 지낸 그 30년이 지금 일을 하고 있다. 요즘 가끔 그를 만나 그의 이야기 속으로 내가 들어가니까.

믿는 자에게 아주 잃어버린 시간은 없다. 유순 님께도 30년 전보다 더 깊어진 내가 그의 이야기 속으로 들어가—
우리의 이야기를 지금 만들어 내고 있으니까.

카프카를 생각한다

"아무리 노력한다 해도 나는 함께 즐길 수는 있어도 함께 살 수는 없습니다. 지속적인 공동생활(결혼)에서 진실은 지킬 수 없을 뿐만 아니라 진실이 없는 공동생활은 견딜 수 없습니다… 지속적인 공동생활이 허위 없이는 불가능합니다. 내가 그대 부모님을 바라본 첫 번째 시선은 허위일 것입니다."

카프카는 이런 정직한 편지를, 약혼녀에게 보내고 파혼한다. "그는 세상을 너무 투명하게 바라본 나머지 그것을 견디지 못하고 죽어야만 했습니다…"

"약혼녀에게 보낸 500통이 넘는 카프카의 편지는 언어 예술적 완성도와 깊은 자아 성찰에 대한 '세계문학사상 유례없는 증명서'였다." "그는 오직 문학을 위해 일반 사람들이 누리고 있는 '섹스 음식 술 철학적 사고, 특히 음악이 주는 즐거움'까지도 포기했다. 자신의 부족한 힘을 '글을 쓰는 목적'에 모으기 위해서였다…"

나는 이런 카프카의 '순결무구 작가정신' 생각하면서—
내 작가 정신을 다잡는다.

해피트리 가지치기

 10년 이상 잘 자라고 있는 우리 집 해피트리, 베란다 한쪽을 무성하게 덮고 있다. 올봄에 가지를 쳐줬더니 새로 가지 뻗으면서 새 가지에서 꽃을 피우기 시작한다.
 뜨거운 여름 좋아하는지 올 무더위에도 계속, 어느 해보다 꽃을 많이 피운다. 한 7, 8송이가 계속해서 피고 지고, 피고 지고… 흙에 뿌리박은 나무에 물만 주고(거름 가끔) 햇빛 받으니, 봄부터 여름 지나 초가을까지 무수히 꽃 피우니, 자연의 신비가 경탄스럽다.

 어느 날 그 해피트리 옆에 서서 꽃들을 한참 올려다보면서 이런 생각을 한다. '가지를 잘라주니 여름 내내 새 가지에서 꽃이 많이도 피는구나.' 그렇다면— 내 인간성의 어느 부분을 가지치기해야 저 나무처럼 꽃 많이 피울까?
 봄에 포도나무 가지 치듯, 나도 날마다 내 가지치기 해야. 내가, 내 가지 못 자르니—
 내 가지(생명) 주인이시여, 도와주소서!

인간은 사랑스런 것만 사랑한다

　종교 개혁자 루터의 말이라고 한다. "인간은 사랑스런 것을 사랑한다. 그러나 하나님은— 하나님의 사랑은, 사랑스럽지 못한 것을 사랑하여, 사랑스럽지 못한 것을 사랑함으로 말미암아— 사랑스런 것으로 만들어 버리신다."

　작년, 용산 음식점에서 우리에게 불친절한 여자 점원에게 친구는 팁을 주자고 해서 내가 준다.(친구는 카드밖에 없어서) 친구는 루터의 말처럼 '사랑스럽지 못한 점원을 하나님의 사랑으로 사랑하여— 사랑스런 여인으로 만들어— 그녀가 불친절한 이유까지도 알아낸다. 그녀는 지난 금, 토, 일 식당에 손님이 너무 많아 지쳤기에, 지금은 기진맥진이라고.

　그날, 나는 친구 보면서 생각했다— 나는 '사랑스러운 것' '맘에 드는 사람' 만나러 다녔다. 이젠 사랑스럽지 못한 사람도, 하나님 사랑으로 사랑하여— 사랑스런 사람으로 만들어야 한다. 내가 거듭나야 될 일이다.

세상사 까마득하게 안 보일 때

오늘 아침 8시도 안 됐는데. 전화벨이 크게 울린다.
주방에서 뭐 하다가 급히 내 방으로 뛰어가서 받는다.
어린애 같은 젊은 친구 전화다. "지금 고모(시누이)한테 고구마 택배로 보내려고 하는데 뭐라고 써야 할지, 어제 작가님이 말해줬는데, 그게 하나도 생각이 안 나요."
"그래요, 그랬어요. 하나님은, 당신의 지금 이런 마음을 얼마나 좋아하실까? 누가 남이 말해준 것, 생각 안 난다고 다시 전화해요. 이런 당신을 하나님이 어찌 책임 안 지시겠어요… 이렇게 써 보세요. '시골에서 농사지은 고구마를 오빠가 보냈는데, 고구마가 좋아서 고모 생각이 났어요. 이 고구마 드시고 환절기에 건강하세요.' 이거 당신한테 문자로 보낼까요?" "다 적어 놨어요."

"언제라도 전화하셔요. 당신 전화 받는 건 제 기쁨이니까요." 그의 전화 받는 게 왜 기쁨일까? 나도 그처럼 순간순간, 세상사, 까마득하게 안 보일 때가 있으니까.

감사는 밥입니다

오늘 새벽 4시 반쯤 일어난다. 느낌이 이상해서 살펴보니 코피가 난다. 놀라면서 응급조치하고.
소파에 기대앉아서 커튼 걷고 바깥 어둠을 본다.
건너편 아파트 불빛이 몇 개 반짝인다. 컴퓨터 인터넷으로 하나님 말씀 듣는다. 어느 목사님 설교 제목은,
"시련이 내 영혼의 보약이다."
어둔 밤하늘 바라보면서 생각한다. '내가 코피가 날 때마다 놀라서 당황했지, 감사해 본 적은 없다. 오래전 들은 일본 장애우의 시 한 구절이 떠오른다.
"감사는 밥입니다."

그 장애우는 태어나 한 40년(?) 다락방에 누워 지내면서도 주님께 감사하는 시를 쓴다고. 코피 나는 것도 감사로 바꾼다. 코피 날 때마다 감사해야지… "감사는 제 호흡입니다."
"지적과 원망 대신에 칭찬과 감사로 하나님의 만복을 향유하세요." 어느 교회 표어다.

새벽 1시까지 생각하다가

심신이 아름다운 어느 사모를 만났는데, 내 책 받고 사인해 달라고 해서 머뭇거린다.
"다음 만날 때, 해 드리지요."
그에게 뭐라고 사인해야 하지… 그날 밤, 잠이 안 온다.
뒤척이다가 새벽 1시 넘어서야 생각이 정리된다.

"맑고 서늘한 이성과 극세사처럼 섬세한 감성의 당신.
한 남편의 아내요, 그 남편의 어머니이십니다. 그리고
살아 있는 모든 사람들의 어머니이십니다."(창세기 3:20)

사모는 모든 교인들의 어머니요, 그리고 이웃, 모든 산자의 어머니이다. 내가 너무 거창하게 말했나?
사모가 목회 절반은 한다니,
드리는 글도 진중해야 한다.

자유의지 약하다, 상심 마세요

광주 문예창작반 수업에 참석했다.
문우들이 숙제로 시 한 편씩 써 가지고 왔다.
그들이 차례대로 발표하는데, 탁 선생 시가 재미있다.
제목 "게으름"

"불어가는 (몸)무게에 / 짓눌리는 발바닥 //
늘어나는 살들로 인해 / 움직임은 갈수록 힘들고 //
살을 뺄 생각은 가득한데 / 자꾸만 미뤄지는 운동 //
버거운(무거운) 내 모습을 보며 / 깨닫는다 //
내게 가득한 건 살이 아니라 / 게으름이란 걸"

그 문예창작반 교실에 막 들어섰을 때, 탁 선생(남) 그가 나를 보고 웃는데, 인간다웠다. 인간다움은 인간 만드신 분과 만나는 통로다. '탁 선생. 자유의지 약하다, 상심 마세요. 그 자유의지도 주님 은혜 안으로 들어가면 그분이 도와주십니다. 당신의 인간다움이 주님 사랑으로 온전해지시길.'

〈파친코〉 쓴 소설가에게 듣다

나는 파친코 소설은 안 읽었지만 그 소설가 작품세계를 TV에서 시청했다.

가장 인상적인 부분을 내 말로 옮긴다면,

"… 나는 내 글을 읽는 독자들… 중국인, 아랍인, 아프리카인, 러시아인(?)… 모두에게 내 피를 흐르게 하고 싶다…"

글은 그 작가의 영혼육에서 나온 숨결이요, 피와 눈물이라 그런 말 할 수가 있다. 〈파친코〉라는 작품이 얼마만큼 독자의 정신, 영혼 속으로 파고드느냐가 문제지만.

나는 사람을 만나면 다 소설가 만들려고 하는 경향이 있다. 전혀 소설에 관심 없는 분에게도 그에게 작가성을 요구한다 할까? 그래서 내가 치열한 독선자라고 할 수도 있다. 그러나 사람은 그 나름대로 다 소설가, 시인이다.

하나님은 최고의 예술가. 그의 자녀인 우리도 다 창의성 가진 예술가들이다. 창의력은, "어떤 새 것이 아니라, 있는 것에 대한 재해석"이라고 한다.

안 전해지는 사랑이 있나요?

젊은 친지한테 받은 전화다. 추석 앞두고 남편이 시누이들과 만나는데, 자기는 안 간다고.
"왜 안 가요?" 전에 신앙 문제로 언쟁해서 대면하기 싫다고. 내가 펄쩍 뛴다. "이런 절호의 기회를 놓쳐요. 남편하고 같이 가서 시누이들 만나세요. 집에 시골 호박 있다면서요. 그거 가지고 가 드리세요. 고모들 생각나서 가지고 왔다 하고, 세상에 안 전해지는 사랑이 어디 있어요? 안 전해진다면 그건 사람이 아니지요… 명절은 왜 있어요? 불화한 것 풀라고 있지요."

전화 끊고 나니, 나도 명절에 찾아봐야 할 사람이 있다. 몇 년간 소원하게 지낸 어느 친지가 생각난다. 오늘 찾아가 봐야겠구나. 명절엔 내 가족만 챙기지 말고 어렵고 힘든 이웃들 찾아봐야지. 그 친지에게 전화하니 받는다.
"… 작가님 만날 생각하니 갑자기 기분이 업(up)되네요."
명절은 불화한 친척이나 이웃과도 화해하고 따뜻하게 만나는 주님이 주신 축복의 기회라고 생각한다.

9kg 호박 들고 온 친구

보통 여자는 혼자 들 수 없는 무거운 호박(9kg). 그 무거운 걸 들고 먼 데서 버스, 지하철 타고 친구(72세)가 왔다. 고향 오빠가 씨만 뿌려놨는데도 커다랗게 잘 자란 거라고.

호박이 돌같이 단단해서 남편이 망치로 큰 칼을 두들겨 썰었다. 외양간 거름 줘서 그리 단단한가? 썰어놓은 호박이 선명한 주황색. '이 무거운 걸, 나 준다고 그 먼 데서 들고 왔으니…' 숙연해진다.

그날 낮, 무거운 호박 들고 온 친구 얼굴은 살아서 펄펄 뛰고 있었다. 대지를 맘대로 잡아 흔들 것 같은 거대한 힘이 넘쳐서, 묻는다. "당신 왜 그렇게 기운이 장사요? 힘이 펄펄 넘치네요." "작가님 만날 생각에… 이거, 제일 큰 걸 골라 냤다 갖고 오는데, 힘든 줄 몰랐어요."

나는 무거워서 들지도 못 한 호박을 친구는 우리 집으로 올라가는 아파트 승강기 안에 집어넣어 주고 갔다.

계모가 되었다, 어머니가 되었다

친구가 들고 온 9kg 늙은 호박, 남편이 망치 동원해서 잘라 채반에 널고 얼마는 그 저녁에 삶아 놨다.

다음날 아침, 그걸 껍질 채 갈아 꿀 한 숟갈 넣어 남편에게 주니, 금방 식사 후라고 거절. 그래도 아내는 그 빛깔 너무 고와서 한 모금만이라도— 또 권하자, 남편은 약 먹었다고 하면서 거절. 그랬으면 그만 둘 일이지, 아내는 다시 또 "식탁에 놔둘 테니 준비하고 나가실 때(외출), 한 모금만이라도 마셔요." 남편은 대꾸 없이 세면실로 가 버린다.

갑자기— 아내는 남편에게 호박주스 마시라고 애걸복걸한 게 억울해서(?) 식탁에 놓인 호박주스 치워버린다.

'아내의 성의를 무시해도 유분수지.'

아내 말 안 듣는 남편에게 왜 그렇게 먹이려고 할까?

아내는 남편 어머니니까— '투정부리는 아이(남편)에게 계모가 되었다, 어머니가 되었다.'

당신, 뒤에서 보니 멋있네요

친구가 준 늙은 호박으로 만든 주스, 아내가 몸에 좋다고 해도 안 들고 외출하는 남편. 배웅하는 아내가 보니, 후줄근한 가을 점퍼차림. 멋있다고 할 수가 없어 그냥,

"잘 다녀오세요."

현관문 닫는다. 닫고 생각하니 안 됐다. 90세 남편이 아내 격려 못 받고 외출하면 저조한 기분일 텐데… 다시 현관문 열고, 거짓말 할 수는 없고. 그렇다고 지금 옷 후줄근하다고 할 수도 없고, 이도저도 아닌 한마디, "당신, 뒤에서 보니 멋있네요." 그래도 안 한 것보다 낫겠지.

아내는 자기 기준을 정해 놓고 남편을 규제하려고 든다. 저 옷이 아내 눈엔 후줄근해도 남편은 저 옷이 편하니까 입는다. 아내가 반성할 일이다. 각설하고—

남편은 아침 '호박주스' 일로 미안했는지 달라고도 안 한 카드 내놓고, "카드 두고 가니, 쓸 일 있으면 쓰라고."

카드 보면서, '오늘 집에서 글이나 쓰려고 했는데 외출해야지—' 내 앞에 한 세계가 열린다.

연애할 때나 심장이 떨리지

 매사에 정확한 남편은 내가 카드 달라고 해야 준다. 오늘은 내가 말도 안 했는데 주고 간다. 아침 '호박주스' 일로 미안했던 것 같다. 어쨌든 카드 보자, 집에는 못 있겠다.
 솔이 님에게 전화하니 집에 있단다. 그를 만나러 가는 청명한 가을 나들이 길이 기분 좋게 설렌다.

 그와 마주 앉은 식당에서 나는, "오면서 계속 가슴이 뛰었어요. 누구를 만나러 가면 언제나 가슴이 뛰어요. 어제 만난 동생을 오늘 만나러 가도 뛰어요. 오늘 동생은 어제의 동생과 다르니까요. 사람만이 순간순간 새롭게 변해요. 사람 안에는 사랑하려는 열망이 있어서 그런가."
 "아니 연애할 때나 심장이 떨리지…"
 "아니요— 난 지금도 사람 만나러 가면 떨린다니까요."
 나는 갑자기 아득해지는 심정으로,
 "그래서 내가 외로워요. 다들 늙으면 안 떨린다고 하니까… 그래도 당신은 이런 나, 나무라지 않고 받아주니까 좋아요. 나를 편안하게만 해요."

3부

사람은 참말만 하는 거야

세월이 마구마구 지나갑니다

몇십 년 만에 광주, 나 목사님이 글로 소식 주셨다.

내 책을 어떻게 보셨는지? "… 늘 건강하시고 주님 축복 가득하시길 바라며 기도하고 있습니다…" 내 답글은,

"나 목사님, 참으로 오래간만입니다… 주소 보내주시면 요즘 나온 제 책 보내드리겠습니다… 처음에 제 강의 들으시고 덕담으로 주신 말씀도 소중하게 기억하고 있습니다."

"… 생각만 해도 마음에 위로와 평안 기쁨이 샘솟는 것 같습니다. 그동안 어떻게 지내고 계셨는지요? 가는 세월만큼 더 고귀하고 존귀한 모습을 보는 것 같습니다. 삶의 무게가 더욱 고귀한 글로 표현되어 우리의 심금을 울립니다… 너무 늦게 소식 전해 죄송합니다… 세월이 쉬지 않고 마구마구 지나갑니다."

그때, 내가 본 나 목사님은 내 작가성에 관심 없는 듯.

그런데 이번에 주신 글 보니, 다정하시고 풍부한 정서가 넘치신다. 그땐 내가 잘못 보았나? 그래서 많이 산,

지금의 내 노년이 귀하기만 하다.

일에는 상상력이 필요하다

소사 독자가 보낸 글이다. "… 오늘 책 잘 받았습니다…"
즉시 그에게 보낸 내 답글이다.
"제 책을, 주문해서 다시 독자에게 부치는 일도 남편이 힘들어 해서(어떤 땐 또 괜찮고), 그만 둘까 했는데, 그러고 나니 맘이 불편해서 다시 보냈습니다. 이해 바랍니다… 쌀은 왜 보내셨어요? 다 어려운데… 앞으론 뭘 보내지 마세요—
당신은 컴퓨터 잘 하니, 책 주문해서 보시라고 그런 냉정한 글 보냈는데… 마음이 계속 아파서 다시 책 보냈습니다."

30여 년간 책 보내기도 지쳤는지(책은 남편이 보냄)… 남편이 주소 쓰고 포장하는 것 힘들어하는 거 같아 이해할 만한 몇 분에게 책 주문해 보시라는 글 보내고 나니, 가슴 아렸다. 그러다가, '아아 남편이 못하면 다른 사람에게 부탁하면 되지…' 책 보내는 방법은 얼마든지 있다. 이걸 생각 못 했구나. 일에는 상상력이 필요하다.
상상력이 없어서 망한다고 한다.

갈비탕 두 그릇 사 가지고

내가 동네 마실 간 사이에 오류동 친구가 전화한다.

남편이 전화받고, 아내가 지금 동네 친구 집에 갔는데, 전화기 안 가지고 가서 연락 안 되니, 남편이 지금 데리러 가겠다고.

운전하던 친구 딸이 그 얘기 옆에서 듣고는, 차를 길가 갈비탕 집 앞에 세우고 갈비탕 두 그릇 주문한다.

"이렇게 착하신 남편이 어디 있느냐고?" 하면서.

전화기 안 가지고 간 아내에게 전화기 주러 오는 남편과 도중에서 만나고… 얼마 뒤 나는 친구와 만난다.

그는 아까 오면서 있었던 느낌을 얘기한다.

"그런데 참 이상해요. 작가님이 우리 딸 예뻐라고 하니까, 딸이 아까 차 속에서, 작가님 만나러 가니 막 예뻐지는 것 있지요. 이상해요. 보통 땐 내 말 안 듣고 미운 짓만 해서 얼굴도 미워지더니, 자기 좋아해 주고 예뻐해 주는 작가님 만나러 가니, 막 예뻐지더라고요."

"사랑하면 예뻐진다는데, 사랑 받아도 예뻐지네요."

소요산 부인이 보내신 열무김치

소요산은 우리 집에서 지하철로 두 시간 정도 걸리는 먼 곳이다. 그 먼 곳으로 남편은 친구하고 가끔 간다. 어제는 혼자 갔다 왔다. 동행하는 친구가 갑자기 일 생겨 혼자 가서, 저녁 들고 온 남편이 열무김치 한 팩을 건네준다.

"이거 소요산 그 식당 아주머니가 주시던데. 자기 텃밭에서 기른 열무에, 텃밭에서 딴 고추 갈아서 담갔다고… 드릴 게 그거밖에 없데. 작가의 눈은 보는 게 다르더라고 하데…"
"그래요… 이런 선물이 어디 있을까? 김치가 한참 귀할 땐데… 어떡하면 좋지…"

남편이 친구와 가는 그 소요산 식당. 운동도 하지만 그 식당 아주머니 음식 맛과 인품이 좋아서도 가는 것 같다.

남편 편에 내 책 보내면, 바쁜 중에도 잘 읽고 남편 편에 전하는 소감도 훌륭하시다… 김치를 이리 맛있게 담그는 솜씨도 예술. 인생은 분야만 다르게 다 창작하는 예술이다.

이 조용한 신음을

"누구나 자신이 가꾸는 정원에 이야기와 창의력을 더해 특별한 아름다움을 창조해 낼 수 있다. 인상파 화가 모네가 시시각각 변하는 빛을 포착하기 위해 말년까지 자신의 정원을 화폭에 담았던 것처럼, 정원은 살아 있는 박물관이자 야외 갤러리로서 학생들이 자연 속에서 과학과 예술을 공부할 수 있는 최고의 수업 장소다. 전 세계 인구의 절반 이상이 도시에 살고 있는 이 시대, 도시가 수많은 사람들의 안식처라면 예술적 영감이 가득한 정원은 도시의 영혼이나 다름없다."(박원순의 도시의 정원사에서)

우리 집 거실은 10여 점의 명화와 몇 개의 화분과 3개의 꽃꽂이가 있는 내 영혼의 정원이다. 나는 낮이나 밤중이나 비 오는 날, 눈 오는 날이나 이 정원을 거닐면서 생각한다. 조용히 신음한다. 그리고 이 생각과 조용한 신음을 글로 잡아내려고 고뇌한다.

완제품을 좋아하시네요

 철산동 친구 집 갔는데, 장성 북하면 산골에서 택배가 왔다. 금방 꺾은 싱싱한 고춧대 한 박스, 얼음 넣어서 보냈다. 그걸 다듬으니 고추, 고춧잎이 한 바구니씩. 친구가 고춧잎 삶아서 주겠다 해서, 그의 음식 솜씨 알기에, "그 고춧잎 무쳐 주세요." 그가 다시 되묻는다. "완제품으로요?"
 "예… 완제품으로요." 말하고 나니, 완제품이란 말이 부끄러워진다. 내가 왜 이러지?
 요새 사람들은 왜 완제품을 좋아하나?
 삶이 복잡해지고 바빠서? 아니면 게을러져서?

 인생 최대의 실패는 "영적 무지와 게으름"
 영적 무지에서 교만이 나오고 편리함, 완제품으로 된 상품 좋아하다 게을러져서— 우리 집 근처 반찬 가게에 붙어있는 광고 문구다. "반찬 3개, 국 한 그릇에 만 원."
 문제는 쏟아져 나오는 1회용 반찬 용기다.

사람은 마음 댈 데가 있어야

어디를 가려면 나는 마음 댈 사람이나 장소부터 찾는다. 처음 미국 집회 갈 때는 LA 어느 사모님을 마음에 대고 그 댁으로— 일본 집회 가서는 초청한 목사님 댁 따님, 애린 양에게 기대고 살았다. 사모님은 일본대학 졸업한 미인이라, 괜히 내가 먼저 거리 두었다. 마음이 고적해질 때마다 중학생 소녀 애린 양에게 마음 대고 한 달, 그 댁(동경)에 머물면서 집회 잘 마쳤다.

그 뒤, 한 20년 지나 한국에서 그 사모님 만났는데, 애린 양은 지금 미국 명문대 졸업하고. 세월 지난 뒤에 본 사모님은 솔직하고 유정한 분. 그땐 내 못된 선입견이 작용해서 그랬다.

젊어선 남편, 영혼이 아픈 한 친구에게 마음 대고 살았다. 힘없고 약해진 지금은 주님께, 나약한 몇 친구에게 마음 대고 산다. 그중 솔이 님은, 아주 오랜 옛날에 만난 친구 같다. 조용하고 정직, 말수가 적다. 이제는 나, 인정해 주는 친구보다 편안하게 해주는 다소곳한 친구가 좋다.

내유동 시인 찾아가는 길

 추석 다음 날, 내유동 사는 시인 친구 만나러 가는 길.

 그는 지하철 3호선 삼송역에 내려 8번 출구로 나오면 차 가지고 나오겠다고. 그래서 내가, "20분이나 걸려요? 시간, 기름 낭비가 많네요. 내가 마을버스 타고 가볼게요."

 삼송역 출구로 나가니, 건널목이 셋. 짧은 갓길, 갓길 건너 직진, 3시 방향. 행인에게 물어 그 버스 정류소 찾아갔다. 마을버스는 금방 갔고 일반버스는 35분 기다려야—

 아이 데리고 기다리는 엄마에게 묻는다. "내유초등학교 가려는데, 35분 기다려야 합니까?" 곧 도착하는 일반버스가 내유초등학교 정류장도 간다고 해서 그녀와 동행하기로.

 그녀가 고마워서, "책 읽기 좋아하세요?" "안 읽지만 읽으려고 해요." "그럼 이 책부터— 제가 쓴 글이니."

 책 펴보더니 자기도 기씨奇氏라고. "기슬기"

 고생고생해서 내유초등학교 앞에 내린다.

 승용차로 다니면 사람 못 만나는데, 고생하면서 버스 타니 기 씨, 종 씨도 만나고 좋다.

엄마의 의미

동네 친구 따님이 결혼하면서 나에게 보여 준 시,
"엄마의 의미" 한 부분이다.

"어릴 때 엄마는 나에게 바보 같은 사람 /
불이익을 침묵하는 엄마는 안타까운 사람 /
남 생각 바빠서 스스로를 잃은 한 사람 //
나는 어른이 되었을 때 엄마처럼 살지 않겠다. //
(······)
어른이 되어버린 나는 엄마를 닮기로 했다. //

바보라고 생각했던 엄마가 /
이 세상 가장 지혜로운 여인 //
내가 엄마가 되었을 때, /
나에게 기억될 엄마의 의미, /
내 가슴 가장 깊은 곳 따뜻함, 사랑의 의미."

바보 같은 엄마에게서 '사랑의 의미' 찾은 따님 시다.

사람은 참말만 하는 거야

어제 점심 약속이 있어서 동네 식당에 갔더니 10분쯤 이른 시각, 아직 친구는 오지 않고 알바 여대생이 친절하게 맞이한다. 그와 잠깐 대화 중, 그는 근처 대학에서 법 전공하는 학생이라 해서, 내 아들도 법을 전공했다면서 훌륭한 법학도가 되라고 격려한다.

그리고 책 읽기 좋아한다는 그에게, 내가 소설가라면서 책 한권 주겠다니, "정말이세요?…"

그는 내가 소설가라는 말에 "정말이세요? 정말이세요?" 두 번이나 반복한다. 내가 소설가로 안 보였나?

내가 초등학교 1학년 때, 여선생님은 화장실도 안 가는 줄 알듯이, 그도 소설가에 대한 환상이 있나? 나와 얘기 중에 그가 몇 번이나 "정말이세요?" 반복해서, 왜 저럴까?… 요즘 가짜 많은 세상에 대한 불신에서 나온 법대생의 확인성 질문인가? 나는 곧 표정 엄숙하게 하고 그에게 한마디ㅡ

"사람은 참말만 하는 거야."

새벽, 목련이 작열해서

 3월 말의 새벽 6시, 내 방 유리창 밖을 보니, 저만치 보이는 어린이집 마당의 목련꽃이 작열하고 있다. '저건 분명 작열灼熱이다.' 작열의 뜻은 '불 따위가 이글이글 타오르다.'

 이 새벽, 목련은 새벽빛 속에서 대낮보다 더 새하얗게 타고 있다. 그러나 그것도 잠시, 곧 어스름도 걷히면서 꽃송이 틈새로 갈색 나뭇가지가 언뜻언뜻 보이고, 작열 아닌 화사한 만개. 곧 저 꽃잎들 지고 나면— 목련은 조용히 죽음 같은 고요 속에 잠기리라.

 목련을 인생으로 말하면 작열은 청춘, 만개는 중년, 꽃 진 뒤 고요는 죽음 직전의 노년. 그러나 인간은 목련 같은 식물이 아니다. 세월 지나감에도 낡아지지 않고 더욱 새로워진다. 청춘의 작열과 중년의 만개, 노년의 고요가 분리된 게 아니라 합력하여 풍성한 노년을 새롭게 만들어 낸다.
 "…우리의 겉사람은 낡아지나 우리의 속사람은 날로 새로워지도다"(고린도후서 4:16)— 내 좌우명이다.

동탄 독자여, 외로워 마세요

동탄에서 온 독자와 지하철 사당역에서 만났다.

그는(여) 지금 직장을 잠깐 쉰다고 하면서, 직장 얘기부터 솔직하게 털어놓는다. 그는 회사 직원회의에서도 고용주의 부당한 제안엔 반대의견을 개진開陳한다고.

"선생님, 그들은 현장에서 일하는 직원들 입장과 너무 동떨어지게 자기네 쪽으로— 일방적이에요. 너무 아니다 싶으면 나는 저절로 손이 올라가요. 동의할 수 없다—"

한마디로 만장일치에 반대하는, 손이 올라간다는 것.

다양한 사람은 생각도 다양해서, 만장일치는 어렵다고 한다. 그는 직장에서도 정직하게 자기 의견 내면서 살고자 하기에, 많은 불이익도 감내하는 용기 있는 여인이다.

성경 호세아(2:2)에 보면, "너희 어머니와 논쟁하고 논쟁하라…" 논쟁은 '고발하다, 죄성을 스스로 성찰, 회개하라'는 뜻도. '동탄 독자여, 외로워 마세요.

당신의 이의 제기는 성경적이기도 합니다.'

출출하신데, 붕어빵 사 드세요

그날은 비가 오는데, 팥죽집 팥죽 맛도 안 난다.

내가 그 팥죽에 질린 것. 나와 같이 늘 팥죽 드시던 삼각지 친구도 한 국자만 떠서 들고 싸달라고. 친구는 오늘 낮에 갈치조림에 밥 잘 먹어 생각 없다고. 그는 카드와 현금 만 원 넣고 다닌다는데, 지난번엔 그 팥죽집 알바 대학생에게 팁으로 만 원 준다. 오늘도 어디서 또 누구에게 만 원 줘버리고, '… 혼자 집에 가려면 비도 오고 출출하시겠구나.'

가다 붕어빵 한 개, 사드시라고, 지갑 열어보니 그날따라 6천 원, 만 원도 안 된다. 그 돈, '너무 적어 드릴까 말까?…'

그가 보더니 "왜 그렇게 쭈뼛쭈뼛하세요?"

"…이거 너무 적어서… 가다가 붕어빵 한 개 사 드세요." 6천 원, 그가 받아 주머니에 넣으면서, "사람이 뭘 못하고, 유치한 게 더 좋아요." 그가 보기에 내가 뭘 못하고 유치하게 보였나? 유치한 행동도 용기 있어야―

주고 싶은 마음 간절하면, 유치고 뭐고 생각도 안 나고.

그 외국 애들, 남산 잘 다녀갔나 몰라

친구는 그날, 나 만나 팥죽 조금 먹고 지하철로 가는데, 만원이라 노인석 근처에 서 있으니, 일반석에 앉았던 두 처녀가 자리를 양보한다. 외국인 아가씨 같아서 영어로(친구는 영어 능통) 물으니 말레이시아, 싱가폴(?) 사람이라고.

이렇게 비가 오는 저녁에 어디 가느냐고 하니, 남산에 간다고. 안쓰러워서 그들에게 5천 원(내가 준 6천 원에서) 꺼내 주면서 캔디 사 먹으라고(천 원, 십일조 떼고). 그러면서 천국에서 만나자 하고 헤어졌다고. 그는 더 말한다.

"기 작가님이 그 때 몇 만 원 줬다면, 그들에게 선뜻 그 돈 줬겠어요? 적게 주시니 그 돈을 쉽게 줬지요. 오다가 밥집 아주머니랑 베지밀 두 개 카드로 싹 긋고—"

즐겁고 신난 삼각지 친구 얘기다. 집에 가서 가정예배 드리고, 내게 10시 넘어서야 전화한다.

"… 이렇게 남에게 뭘 주고 나면 이렇게 기쁠 수가 없어요… 근데 그 외국 애들 남산 잘 다녀갔나 몰라…"

뉴저지 친구와 소년들

오늘 아침, 남편이 현금 카드 내놓다니! 감읍해서 남편이 묻지도 않은 뉴저지 친구 얘기, 그에게 한다.

"오늘 만나는 그 친구는 아주 기상천외한 얘기를 해요. 나는 상상도 못 한 얘기를— 오늘도 이 카드로 점심 사 드리고, 기상천외한 얘기 들을 거예요. 나는 우물 안 개구리라 많이 배워야 해요."

친구(70대)가 한 번은 달 밝은 동네(미국 뉴저지) 밤거리를 지나는데, 소년들 몇이 앉아서 스마트폰 보기에, "애들아 저 달 좀 봐라. 그런 것만 보지 말고, 저 달이 얼마나 아름답니!…"

그 뒤 어느 밤에 친구는 또 그 소년들과 만난다. 소년들 중 하나가 친구를 알아보고, "오늘밤은 달이 안 보이네요." 그래서 자기들, 스마트폰 본다고? 그러자 튀어나온 친구 말이 압권이다. "늬가 따갔지?!"

소년 말문이 막힌다. 친구의 말은, 우주를 손바닥에 놓고 쥐락펴락하는 것 같다. 그는 우주를 만드신 하나님 딸이라, 달도 '늬가 따갔지?!' 기상천외의 말, 하는가?

작심발언作心發言

　추석 안 날 급히 외출하려고 승강기에 오르니,
　젊은 여인이 스마트폰 보고 있다. 나도 말 않고 있다 승강기에서 내리고. 여인이 앞서 가는데, 그때 문득 내게 스치는 생각— 내가 저 여인을 앞으로 다시는 못 만날지도 모르는데, 잘 헤어져야지… 나는 힘을 내서 작심하고 앞에 가는 여인에게 다정하게 말한다. "명절 잘 보내세요!"
　여인은 당황한 듯, 뒤를 돌아다보면서 놀란 표정으로 "예? 예, 고맙습니다." 공손하게 받는데, 목소리가 부드럽다.
　나도 부드러워진 마음으로 생각한다.
　나는 승강기에 들어가서, 상대 반응을 보고 나서 인사하는데, 이제부턴 반응에 상관없이 먼저 인사해야겠다. 상대가 어떻든 존경하는 맘을 가지고.

　세상에서 작심발언은 흔히 비리非理 고발에나 하는데, 그날 아침 내 작심발언은, 내 교만한 마음을 바꿔, 겸손한 마음 만들어— 작심하고 선한 마음으로— 먼저 인사했다.

내 인생, 저녁에 만나는 사람

한 친구에게 오랜만에 전화한다. 그동안 어떻게 지냈느냐고 묻기에 "요즘은 힘이 없어서 좋아하는 사람도 거의 안 만나고 편하게 동네 사람들이나 만나고 있어요."

그러자, 그가 지혜자 같이 말한다. "아침에 만날 사람이 있고, 낮에 만날 사람, 저녁에 만날 사람이 있어요."

"그래요, 나는 지금 저녁에 만날 사람을 만나고 있네요."

그는 우리 집안 형제들 가족들 안부까지 낱낱이 묻기에, 다 대답해 주면서, "그 앤 요새 믿음이 약해졌는지, 하나님 안 찾고 있어요, 걱정이네요."

"걱정 마세요, 믿음도 들쑥날쑥이어요. 대나무가 그렇게 곧게 높이 자라는 건 마디마디가 있어서 버텨주니까 그래요." 친구는 몸이 허약해서 외출도 거의 않고, 남편과 집 앞에 있는 교회 새벽기도회 가는데,

내게 조언하는 말씀에 권능이 있다.

컴퓨터 사용하는 사람들의 숙명입니다

　나는 원고를 컴퓨터에 워드로 치면 아들이 그걸 편집해 출판사로 보낸다. 엊그제도 그렇게 했는데 이튿날 아들이,
"K6(10여개 작품), K7 작품이 똑같아요." "내가 같은 제목을 두 번이나 썼다고?" 다시 확인하고 나서,
　"내가 K6, K7 다르게 썼다. 목차에 K7-3부터는 K6 제목과 완전 달라— 지워졌나? 아무리 찾아도 없으니… 다시 쓸게, 다음 주에 와. 너, 일 있으면 메시지로 보낼게."
　"예 알겠습니다. 나머지만 우선 다 해놓을게요. 천천히 하세요. 컴퓨터 사용하는 사람들의 숙명입니다. 이런 식으로 원고 없어지는 거, 하나만 이래서 다행이지요."

　'컴퓨터 사용하는 사람들의 숙명입니다.'
　그날 오후 내내 머릿속에서 맴돈다.
　인정사정없는 기계 믿고 살아야 하는 인간 숙명?
　그렇다고 편리한 기계, 사용 안 할 수도 없고.

조시마 장로의 결투 현장

위대한 소설 속엔 위대한 가르침이 있다. 〈카라마조프의 형제들〉 조시마 장로의 젊은 날 결투 현장 기록이다―

상대가 조시마 장로에게 쏜 첫발은 빗나가고, 그가 쏠 차례, 그는 쏘지 않고 권총을 수풀에 던져 버리고 외친다.

"…이 어리석은 젊은 놈을 용서하십시오. 내 잘못으로 당신을 모욕했을 뿐 아니라 당신에게 총을 쏘게 강요하였습니다. 나는 당신보다 열 배 더 나쁜 놈입니다… 우리 주위에 있는 하나님의 선물을 보십시오. 맑은 하늘, 깨끗한 공기, 부드러운 풀, 작은 새들, 자연은 아름답고 순결합니다. 그런데 우리는 우리 인간만은 어리석게도 하나님을 모르고 인생이 낙원이라는 사실을 모르고 있습니다. 우리가 그것을 이해하려고만 한다면 당장이라도 낙원은 예쁘게 단장을 하고 나타날 것이며, 우리는 서로 껴안고 울게 될 텐데……
'나는 말을 더 하고 싶었으나 더 이상 할 수가 없었다. 무언가 달콤하고 신선한 기쁨에 숨이 막혀 오는 것 같았고, 난생 한 번도 느껴보지 못한 행복감이 가슴속에 넘쳐흘렀다.'"

고귀하고 아름다운 나약함

나는 요새 코피와 어지럼과 눈 침침과 싸우고 있다. 이 불편한 현실에서 내가 붙잡는 것은 성경 말씀이다. 내가 지금 인생 '고난 학교' 재학 중이구나. 언제 졸업하지?

그러던 중, 한 줄기 희망 같은 글귀를 발견한다. 카프카에 대한 이런 구절—"카프카는 고귀하고 아름다운 나약성을 가진 인간이었습니다."

'나는 평생 나처럼 나약한 사람을 찾아다녔구나.'

나처럼 심정이 나약한 사람은 없었다. 유능하고 똑똑한 사람들. 그들이라도 사귀고 싶어, 그들의 유능 앞에 납작 엎드려 기어서 살았다. 이제 기어 다니며 살 힘이 없어, 유능한 사람들 안 만난다. 나약한 그대로, 나로 산다.

내가 당당하다고 하는 사람도 있으나 그건 내 작은 한 부분을 보고 하는 말. 사람이 내 마음 깊은 속 들여다볼 수 없으므로, 이해 받으려는 내가 잘못. 그러려니 하고 나약하게 살 일이다.

옥수수 700kg 찌는 여인

"카프카는 고귀하고 아름다운 나약함을 가진 인간이었습니다." 이 글을 읽은 나, 이 글을 안고 며칠을 살다가,
'아름다운 나약함' 지닌 내 친구에게 전화한다.

나는 다짜고짜, "이런 말 들어봤어요?
'고귀하고 아름다운 나약함'… 당신은 내 친구 중 가장 나약한 사람이라— 그런데 당신은 찰밥도 잘 찌고 옥수수도 잘 찌고— 나보다 덜 나약해요."
"내가 교회에서 많은 옥수수(700kg), 감자(60kg) 어떻게 찐 줄 아세요? 하나님께 물어가면서 쪄요. 그렇게 말하면 사람들이 '신령한 척 하네' 할까 봐, 찌는 비법 가르쳐 달라고 해도 말 못 해요."
"당신 비법은 하나님이 가르쳐 주신다고요?… 당신 참 대단한 사람이네. 하나님께 옥수수 쪄 달라고 부탁하다니!… 하긴 하나님은 당신 아버지니까. 우리는 다 그분 자녀, 자녀는 누구나 아버지에게 부탁하고 물어보면 되는데, 안 묻고 제 생각대로 하다, 많은 걸 놓치네요."

내게 죄송하다니요! 그런 것 없습니다

　내 산문집(4집) 제목으로 〈언니, 가을인가 봐요〉 어떠냐고 친구 의견 들어보려고 전화한다. 그는 자기 얘기 하다가, 나중에야 제목 괜찮다는 말로 끝냈다. 그런데 그 뒤, 그가 이런 짧은 글 보냈다. 상당히 섬세한 낮춤이 있는 글이다. 그래서 내가 제목 정하려면 언제나 그에게 어떠냐고 묻는다.
　그 영혼이 나와 닮은 데가 많아서.

　"작가님, 죄송합니다… 저 말만 했습니다."
　"무슨 말씀을— 저한테는 죄송하고, 그런 것 없습니다."

　나는 "죄송합니다, 용서하세요." 남한텐 잘 쓰지만, 남이 내게 쓰면 불편하고 괴롭다.
　왜냐하면 남은 나보다 낫다는 생각이,
　내 심중에 박혀 있어서 그런 것 같다.

내가 당당하다고요?

작가는 어디 가나 글만 생각하는가?

그날 윤 목사님 출판기념회 하객으로 갔는데, 내 책 내는 출판사 직원들도 참석했다.

출판기념회 끝날 무렵, 내 옆으로 오신 편집실장님.

그와 얘기 주고받다 내가 말한다. "이번 책 제목 후보 중 하나가 '엎디어 기어야만 보이는 것들'…" 그러자 그가 일언지하에 반대, "선생님, 그거 하지 마세요. 선생님이 왜 엎드려 기어요? 선생님이 당당하신데." "내가 당당하다고요? 내가 그렇게 보여요? 아닌데… 어쩌나?"

그의 완강한 반대도 이번 책 제목 정하는데 참고가 됐다.

생각해 보니, 내가 주제 살리려고, 제목을 너무 억지스럽게 만드나? 자연스럽고 평범하게 하자—

〈언니, 가을인가 봐요〉

책 제목에, 주제를 잘 전하려는 욕심을 버리니, 평범한 듯하면서 길게 여운이 남는다 할까.

"자연스러움은 작가에게 주어지는 최고의 찬사"

내 표정은 내 마음이다

한강로에 사는 정미 님과 통화한다. 내 책에 나온 그 따님 얘기, 본인이 읽은 소감이 궁금해서 물었다. 답은, "작가님 가신 뒤, 몇 번이나 지연(따님)이가 말했어요. 작가님이 나를 얼마나 사랑하시는지, 작가님 표정에서 느꼈다고."
"내 표정에서 다 읽어버렸다고요? 놀랍네요."

사람은 '사랑한다' 말 듣고 싶어 하나,
말 안 듣고 표정만 보아도 안다.
사랑은 말이나 글로 다 표현할 수 없다. 예수님은 우리에 대한 사랑을 말로 부족해서 몸으로— 우리 같은 육신으로 와서 죽어 주셨다. 그리고, 하나님 사랑을 자녀인 우리가 하도 모르니, 아들 예수님 보내 죽게 하시고. 죽으신 뒤, 우리에게 성령님 보내, 예수님 말씀 생각나게 하시고.
그러므로 하나님— 아들 예수님— 예수님 말씀 우리에게 생각나게 해주시는 성령님— 이 세 분은, 역할은 다르나 모두 한 심장 가지신 한 분, 사랑이시다. 이를 삼위일체라 하고.

아버지는 왜 일하러 안 가?

경기도 어느 작은 교회. 그 교회 사모와 이런저런 얘기하다가 들었다. 아들이 초등학교 3학년인데, 가끔 엄마에게 묻는다고. "엄마, 아버지는 왜 일하러 안 나가?"
그럴 때마다 엄마는,
"아버지는 목사님이셔. 집안에서 설교 준비하시고 심방도 다니셔, 노는게 아니야—"
그렇게 말해줘도 어린 아들은, 가끔 돈이 많았으면… 맛있는 것도 많이 사 먹고 싶다고.
그 얘기 듣고, 나는 그 자리에서 지갑에 있는 3만 원 드리면서 아들이 좋아하는 것 사 주시라고. 그 아들이 맛있는 것 사 먹기엔 너무 적은 것 같아 이튿날, 다시 갔다.

내가 좀돌이 쌀처럼 모아둔 8만 3천 원 들고 가서 그 사모에게 드린다. 어린 아들에게 맛있는 것 하나라도 더 사 주시라고. 1시간 반 넘어서 가는 그 교회 가는 길을 즐겁게 설레면서 한달음에 갔다. 사람의 본성은 사랑이라 그런가 보다.

4부
한 사람을 세워주는 일

아름다움은 나를 살아나게 한다

윤 목사님 출판기념회가 있는 "국군컨벤션센터"
남편이 사전답사하고 약도 그려줬다.
아무리 자세히 그려도 약도는 약도다. 내가 눈으로 보고 온 것만 못하다. "남편은 초등학생도 이걸 보면 찾아간다 하지만 난 어렵다. 그날, 남편은 외출하고 몸 상태까지 안 좋은 나. 조심히 가고 있는데 이수역 환승로에서 돌아오는 남편과 마주친다. 그는 나를 데려다주고 갔다.

로비에 앉아 기다리다 시간 되어 내빈석에 앉는다.
출판사 김 과장님(여)이 베이지색 바탕에 드문드문 검은 긴 선이 어른거리는 원피스 펄럭이면서 지나간다. "연분홍 치마가 봄바람에 휘날리더라" 끝날 무렵 편집실장님이 옆에 앉는데, 캐주얼하게 젊은 모습. 끝날 무렵 양 과장님 만나니, 클레오파트라 머리에 짧은 미니스커트가 이국적인 멋!
개성 있는 여인들 아름다움 보면서 나는 만찬 잘 들고, 대화 많이 하고, 거짓말 같이 살아난다.(집에 가서 곧 쓰러질망정)

독서하는 요양보호사 선생님

독자 한 분을 새로 만났는데, 추석 지나고 내가 안부 전화하니, 그가 곧 받으면서 말한다.

"오늘 오후에 요양병원에 근무하러 가요. 친구 대리 근무로 이틀간, 일해야 해요."

그는 곧 요양병원에 근무하러 가는데, 음성이 부드럽고 여유가 있다. 그는 이번 여름휴가에 〈카라마조프네 형제들〉, 존 번연의 〈천로역정〉 읽었다는, 독서하는 요양보호사 선생님이다. 요양병원 근무는, 밤에 3시간 정도 잔다지만 근무 중 잠이라, 그것도 수잠 잘 것이다. 그는 고되고 힘든 일 견디고 해내기에 그럴까? 만나보면 넉넉하고 차분하다.

그를 보고 있으면 내 심령까지 편안해진다.

사람이 육신적으로 형통하면 정신, 영적으로 형통하기가 거의 불가능. 감옥에 갇힌 요셉의 형통은 영적인 형통.

인간이란 내가 피 흘리며 살아야 되지.

책이나 사람 말 듣고 배워서 되는 게 아닌가 보다.

한 사람을 세워주는 일

 한 친구가 이번에 나온 내 책 읽고, "선생님 뒤에 좋은 글이 많은데, 앞에다 놓으시지… 처음부터 독자 마음을 끌어가는 작품을 내놔야지요…" 내가 뭐라고 변명해도 그는 자기 생각이 확고하다. 내 의도는— 내 글에서 문학성, 영성보다 중요시한 건, 한 사람을 세워주는 일이다.
 자신에 대한 글 읽고, 자신이 얼마나 소중한 존재라는 걸 알고 자존감 갖고 당당하게 살라는 격려다. 이 시대는 자기 본모습 못 찾고 허송세월하는 이들이 의외로 많다.

 성경 창세기에는 사람을 만드시고 생육하고, 번성하고, 다스리라는 말씀 있다. "다스리다" 원뜻은 "군림하다" 아니고. "돕고, 살게 하다" 내 책 앞부분에 내놓은 글들은, 내가 그들을 '인정하고 존중한다' 힘내서 살아라— 지금 내게 가장 큰 일은— 한 사람을 돕고 살게 하는 일이다.
 가능하면 많은 사람 만나서,
 그가 존귀한 하나님 자녀라는 걸 알려주고 싶다.

남편의 지적 한마디에

무엇 때문인지 나는 오늘 아침에 활기차고 넘치는, 그야말로 화창 만만해서 주방으로 가 아침 준비한다. 곧 남편이 거실로 나오자, 내가 하하하 웃으면서 하는 말, "오늘 아침은 우거지국, 오징어 두부찌개도 있어요."

오늘 아침 내 활기참은 글 쓰다 상상력이 생겨서— 그렇게 화창한 기분으로 남편이 깎아 놓은 사과 한 조각도 들고… 남편이 그 접시 갖고 주방으로 온다. 주방에 씻어 놓은 비닐봉지 보더니, "이걸 왜 여기다 놨어, 쓰레기봉투에 넣어야지—" 순간, 뛰놀던 내 세포가 문 닫고 죽지.

이상하다. 크게 나무라는 말도 아닌 남편 지적 한마디에 내 몸 세포가 된서리 맞은 배춧잎 마냥 일시에 숨죽인다.

'아아 세포는 사람 마음에 따라 열리기도 하고, 닫히기도 하는구나'. 정도의 차이는 있을망정 많은 아내들은 남편 지적에 숨이 죽는다. 남편도 아내 지적에 그렇겠지… 지적은 상대에게 던지는 독화살— 그때 닫힌 내 세포, 말문은,

30분 이상 닫힌 채, 열리지 않았다.

불미나리 뿌리 채 캐가지고

지방 독자가 내 책을, 자기 아파트 경비원 아저씨께 드리니, 그 뒤 아저씨가, "그 작가님 만날 수 없습니까?…"

그 무렵 독자(70대) 남편이 지병으로 천국 가시고, 그 아저씨는 내 독자에게 불미나리 한 바구니 뿌리 채 캐가지고 왔다. 기억하고 있는 박노동 시인의 "불미나리"가 생각난다.

"올해가 몇 해인가 오뉴월 뙤약볕에 / 붉은 미나리 캐러 나왔습네 // 이것을 짓이겨 검푸른 물을 // 가쁜 숨을 멈추고 단숨에 들이켜 / 붉게 단 쇳덩어리 담금질 하듯 / 시뻘건 속 가슴퍼렇게 물을 먹여 / 보고 싶은 마음을 다스려왔네 // 사람들은 내 불미나리 약발 선다하네 / 두꺼비 입에서 내쏘는 독물 같이 / 내 손톱에 드러난 불미나리는 / 생사의 이별로 그을린 가슴에 / 모르면 몰라도 약발은 받겠지요"(「불미나리」일부)

시는 내가 놓친 인생, 사물을 깊숙이 들여다보게 한다.
시 속에서 불미나리, 슬프게 만난다.

우리 언니가 갔어요 (서울로)

　잠을 못 자고 난 아침엔 여인의 아침 산책도 늦어진다. 그가 느지막하게 숲길로 들어서니 저만치서 검은 치마, 흰 블라우스의 시계꽃(의상실) 부인이 걸어온다. 부인은 자기도 산책 늦었다면서 여인에게 인사. 여인은 울먹이면서,
　"우리 언니가 갔어요. 언니가 갔어요(서울로)…"
　다음 날인가, 만난 시계꽃 부인이 여인에게 또 인사한다.
　"오늘은 평안하세요?" "예에…"

　우리 언니가 갔다고 울먹이던 여인은 내 동생(78세)이다. 내가 동생 집에서 며칠 있다 서울로 떠나자, 동생은 잠 못 자고. 약한 몸 끌고 숲길 걷다, 시계꽃 부인에게 하소연한 것.
　나는 동생에게서 이런 얘기, 다 듣고 나서 먹먹해진다. 나는 동생 두고 와서 글 쓰고, 내 일 하며 잘 살았는데, 이런 무정한 언니를 애타게 불렀구나. 순결과 지조의 상징 같은 동생에게, 언니 자격도 없는 불순물 많은 나— 울먹이면서 언니 찾은 동생 생각하며, 나도 울먹이면서 무릎 꿇는다.

하 교수와 다섯 친구들

이수역 3번 출구 밖에 서 있으니 하 교수(여)가 온다. 마을버스로 가자, 해서 "나는 교통카드 있어요." 그가 먼저 버스에 오르더니, "두 사람이요." 뭔가 조용하게 대접받는 느낌.

그가 차로변 건물들을 자세하게 설명해 준다. 그때, 앞좌석 루즈 진한 여자가 눈을 흘기며 뒤돌아본다. 흘기는 눈에도 그는 인생학(?) 교수답게 편안하게 웃으며,

"제 목소리가 커서 죄송합니다."

오늘 아침 남편에게, "나, 오늘 84년 만의 외출이어요. '7년 만의 외출' 영화도 있지만. 오늘 내가 만나는 사람은 지금까지 못 만난, '아주 새로운 사람' 그래서 84년 만의 외출이라고요…" 남편은 내 말이 난해한 듯, 잠잠.

마을버스에서 내린 우리는 C교회 카페로 들어간다. 그의 친구 다섯 분이 앉아있다. 내가 그들에게 말한다.

"84년 만에 만난 하 교수(68) 친구들 만나러 왔습니다."

내가 말하는 '아주 새로운 사람'은 대단하게 특별한 사람 아니다. 겸손하고 따뜻한 사람이다.

웃으니까 더 아름다워요

그날 저녁, 소문난 그 음식점은 만원이다. 우리 일행(하교수 친구들과 나)은 종업원이 지정해 준 구석 자리, 마다하고 밝은 자리로 간다. 여종업원 둘이 불만한 표정으로 우리를 노려(?) 보는데, 얼굴 반반한 젊은 여자가 더 세다.

그는 계속 우리 쪽을 보며 눈 흘기는데, 나는 그녀와 정면이라 여간 불편한 게 아니다. 그래도, 그녀가 음식 갖다 놓을 때마다 "감사합니다." 안 나오는 말, 쥐어짜듯이 한다.

마음이 안 담긴 말도, 말 자체가 지닌 힘 때문인지, 그녀 표정이 조금씩 누그러진다. 억지로라도 입 꼬리 올리면 뇌가 웃는 줄 알고 몸에 좋은 호르몬을 내듯.

저녁 잘 들고, 우리 일행이 일어선다. 나도 일어나면서 아까 우리에게 눈 많이 흘기던 그녀에게 팁으로 5천 원 드린다. 그녀가 낯 붉히며 받으면서 웃는다. 내가,

"웃으니까, 더 아름다워요."

웃음은 사람이 갖는 특권이란다. 아내가 웃을 때, 가장 기쁘다는 남편도 있다.

그날의 문 선생과 나

 그날, 하 교수와 친구들 만나 교회 카페에서 다과 들고 저녁까지 들자면서 식당 정하는데, 나는 문 선생(하 교수 친구) 팔을 붙잡고 있다. 그는 몇 년 동안 몸 아픈 남편 돌보는데, 그날 오후엔 친구들이랑 쉬게 하고 싶어서.
 그가 집으로 가려고 해서, 못 가게 내가 붙잡고 있는 중이다. 초면인데 실례를 무릅쓰고. 그는 내게 팔을 잡힌 채 얌전히 그대로 서 있다가 일행과 같이 선바위 식당으로 갔다.

 그 문 선생이 친구들과 즐겁게 저녁 들고 나서, 이런 말 한다. "아까 집으로 갈까 망설이고 있는데, 작가님이 내 팔을 계속 잡고 있어서 따라 왔어요. 작가님이 내 팔 안 잡고 있었으면 여기 안 오고 집으로 갔을 거예요." 해서 모두 웃었다.
 그때, 그는 정定함이 없는 표정이어서, 내가 그 팔을 붙잡고 있었다. 그가 오랜만에 친구들과 함께 색다른 음식도 먹고 즐겁게 놀다 가셨으면 하고.
 그날, 문 선생과 나는 잘 만나고 잘 헤어졌다.

학자가 되었으면 좋았을 동생에게

광주 동생을 보면 난, '학자가 되었으면 좋았을 것을…' 언니로서 아까운 생각이 들곤 했다.

그의 재능과 학력이, 품성이 아까워서다. 그는 결혼해서 석사학위 둘 받았다. 박사학위를 하려는데, 같이 공부하는 친구가 그만둬, 혼자 하기 싫어서 그만뒀다고. 그것도 인간적이라 좋다. 독하게 공부했어도 좋았을 것이고. 애들 기르고 남편 시중들면서 공부하기가 쉽진 않았으리라.

내가 얼마 전, 광주 동생네 집에 가 있는 저녁. 동생 아들인 손 박사가 왔다. 그는 외국에 공부하러 가 있어, 오랜만에 가까이서 만났다. 지금은 어느 연구소에 근무한다는데, 말씨며 행동거지가 단정하고 지조가 있어 보이는 과묵하고 속이 찬 청년이다.

나는 그 조카를 만난 뒤 생각했다.

동생이 학자 되는 것도 좋지만 저런 아름다운 청년 아들 어머니가 된 것도 좋은 일이라고.

저, 카드 여러 개 있어요

동네 친구 전화다 "선생님 점심 같이 먹어요."
"나 오늘 카드 없는데, 남편이 외출해서…"
나는 항상 음심값은 나이 많은 내가 내야 한다고 생각한다.(특별한 경우 말고) 그랬더니,
"저, 카드 여러 개요." 카드가 여러 개라고? 나는 한 개도 없는데… 그런데 듣고 보니, 내 맘이 편하기도 하다. 카드가 하나도 아니고 여러 개라니, 그 친구 말은 '나 돈 많으니 걱정 말고 나오세요.' 하는 듯. 친구의 꾸밈없는 착한 마음이 보여서 흐뭇하게 마음 놓고 식당으로 간다.

식당에 가니, 그는 홍콩 아가씨 같은 블라우스에 갈색 선글라스, 멋있는 사람 보는 것도 즐겁다. 나는 그의 이야기가 실린 내 책, 꺼내 드린다. 얼른 읽어 본 그가 눈물 글썽인다. 궁금해서, "왜 그러세요?" "나를 여기다 써 주시다니… 그게 눈물이 나요." 내가 그를 인정한 거라 감격해서 눈물 난다고. 겉모습도 속도 고운 동네 친구다.
시정詩情이 있어, 만나면 언제나 즐거운 사람. 내 동네 친구.

결혼 축하 글, 잘 써야겠네

질녀가 반포로 이사 가, 이모들이 방문했다.

오랜만에 만나 대화 나눌 때, 질녀(티안 엄마)가 말한다.

"짐을 정리하다 사당동 이모(기일혜)가 준 결혼 축하 글 봤어요. 보통 결혼 축하는 행복하라는 말인데, 이모 글은 달랐어요. '결혼은 참는 것. 인내하는 것'이라고 했어요. 그땐 잘 몰랐는데, 이번 이사 올 때 보고 알았어요— 내가 낮에 일(치과의사) 하고 와서 밤에 혼자, 짐 다 쌌어요. 남편은 앉아만 있는데 밉더라고요. 그래도 참고…(이모가 결혼은 참고 인내하는 거라고 해서)" 대견한 질녀다. 헌데, 그의 엄마인 내 동생이(질녀 엄마) 하는 말도 대견하다.

"나도 이사 갈 때, 짐 잘 못 싸… 앉아만 있는 '티안 아빠' 충분히 이해한다고." 사위 편드는 장모(동생) 얘기 들으면서, '동생은 딸을 잘 가르치고, 질녀는 아내 노릇 잘하고 있구나.'

내가 써준 결혼 축하 글 읽고, 이삿짐 싸는 일도 참고 해냈다니— 결혼 축하 글, 잘 써야겠구나.

존경심에 대하여 1

"명절은 왜 있어 가지고, 사람을 이 고생시킨다냐!…"
명절이 돌아올 때마다 개성 강하신 외할머니 불평이었다.
집안 식구들 의식주 책임자인 옛날 대갓집 며느리들은 일이
많았다.

나는 이제 명절 준비에서 한 발 비켜난 나이(84세)지만 며
느리들 애쓸 일 생각하면 가슴 한 편이 불편하다. 며느리들
입장에선 시댁에 간다는 것도 부담이고. 음식 만드는 것도
고역일 것.

올 추석도 아들 집에서. 간단하게 하자 해도 준비 많이
하는 며느리, 수고가 많다. 다른 며느리도 주방에 들어서자
마자 앞치마부터 입고… 내가 주방으로 가서 며느리들을 마
음으로 얼싸안으면서 말한다. "나는 너희들을 존경한다—
성경에서 나보다 남을 낫게 여기라는 말씀처럼, 너희들은
나보다 현실에 유능하고, 그래서 존경해…" 뭣보다 부족한
아들 아내로 사는 것만으로도 며느리들 존경한다. 고부간
화목은 서로에 대한 존경심에서 나온다는 게 내 믿음이다.

존경심에 대하여 2

언젠가 전주 미영 님과 통화하게 됐다. 그는 내가 묻지도 않았는데, 그의 시외숙모인 순천 이 선생을 극찬해서 감격스럽게 들었으나, 세세하게 다 기억 못해서 어느 날 그에게 부탁 전화했다. 전화 안 받아서 글로 보냈다.
"외숙모님 찬가(?)" 글로 써 달라고.
다음은 그때 그와 내가 주고받은 글이다.

"… 용건이 있어서— 그때 말씀하신 '외숙모님 얘기', 글로 보내주시면 고맙겠습니다. 무리한 부탁이면 안 하셔도 됩니다. 전주에 가서 미영 님 만나야지 하는 생각이 가끔 있습니다."
"네, 알겠습니다. 글 솜씨는 없으나 순종하겠습니다…"
"네, 고마워요… 그런데 순종이라니! 그런 어마어마한 말씀을 저 같은 것한테—"
"사랑하고 존경합니다,"
전주 미영 님과 내가 서로 존경심을 가지고 주고받은 글이라고 생각한다.

토란국이 있는 식탁

 들판에서 자란 나는, 어려서 추석에 먹던 토란국 맛을 잊을 수 없다. 뒤란 텃밭에서 캔 토란을 껍질 벗기고, 농사지은 들깨 확독에 갈아 붓고 끓인 토란국은 그 무렵에만 먹을 수 있는 별미였다.

 요즘은 무 넣고 쇠고기 넣고 끓이나, 나는 멸치 다시마 육수에 토란만 넣고 끓인 게 담백해서 좋다. 추석 이튿날 아침, 그렇게 토란국 끓였더니 남편,

 "마늘을 적게 넣은 것 같은데…"

 "내가 마늘 여섯 조각 금방 까서 다져 넣고, 너무 익으면 마늘 냄새 안 날까봐 한소끔만 살짝 끓였는데…"

 "그래도 안 나는데… 나더러 아무 말도 말란 말이야."

 참았던 아내 말이 쏟아진다. "아침에 글 두 편 쓰고, 내유동 가려고 바쁜 중에도 토란국 정성 들여 끓였는데…"

 명절 끝날 아침, 식탁에 얼음바람이— 아내가 나서야지……
 "섬세한 당신 미각을 어쩌겠어. 당신 타박하면 당신 만드신 하나님 타박하는 건데… 내가 잘못했으니 화 풀고 드세요."

순임(정읍) 님과 전화하면 기분이 좋다

순임 님(78세?)은 내 책 받으면 얼마간이라도 꼭 읽고 전화한다. 그런 독자는 거의 없다. "선생님 책 금방 받아서 30페이지까지 읽고, 전화 하네요."
"그랬어요, 고마워요."

이번 추석에도 그는 안부 전화한다. "선생님, 추석 잘 쇠셨어요?" "순임 님도 미애 씨랑 추석 잘 지냈어요?"
"서울 아들 며느리랑 왔다 가고. 딸들은 돈만 보내고 안 왔어요… 작은 사위가 돈을 50만 원이나 보냈어요. 미애(같이 사는 딸)가 살다보니 별일도 다 있다고 해요. 나도 기분 좋아서 사위 업어주고 싶다고 했네요." "그렇지요. 사는데, 돈이 필요하지요… 내 책은 얼마나 읽었어요?"
"50페이지까지 읽었네요. 다 읽어야지요… 언제 한번 오셔요." "가면 또 비싼 다슬기 사주려고? 1킬로에 2만 원짜리." "지금은 3만 5천 원 해요."

그와 통화하면 기분 좋다. 전심으로 날 위하는 마음이 보여서다. 전심은 '계산 없음'이란다.

가을이 길을 잃었나 봐요

여러 분이 추석 안부를 전화로, 글로 보내주신다.
작가 수준이다. 윤진숙 님은,
"가을이 길을 잃었나 봐요."
청옥 님은, "추석 잘 쇠셨지요? 그이가 여행 중이라 완전 해방, 잘 보냈어요. 이런 행운은 결혼 후 처음이죠, ㅎㅎ… '바람이 달라지면' 차 같이 마시고 싶습니다. 그때까지 건행하셔요."

채옥 님은 장편 서사시 같이— 그 중 한 대목,
"… 만나서 많은 대화도 나누고 싶지만… 선생님 책 읽으며 언제까지나 기다리겠습니다…"
평택, 최 선생님은 내 산문집 부제副題—"끝나지 않은 이야기"를 "끝날 수 없는 이야기"로 바꿔 읽으신다고— 그가 바꾼 제목이 내가 정한 제목보다 더 절실하고 살아있다.
여기 언급하지 않은 글들도 그 사람만이 쓸 수 있는 글.
"백인백색百人百色" 우열이 없다.

아버지가 좋아한 소설가

아버지는 소설 임꺽정 쓴 홍명희 작가를 좋아했다. 도스토옙스키 작품보다 투르게네프 〈아버지와 아들〉 좋아하고.

그런 아버지가 이태준 단편을 좋아하셨다. 당시는 그가 월북작가라, 해금解禁 후 그의 전집을 구입해 읽었다. 한국 작가에게서 드문 섬세함, 우아함이 있다. 때로는 과격하기도 하지만. 그는 "글 짓는 법"에서

> "작문이란 글을 짓는 동시에 인격을 짓는 것"이라고. 글은 근본적으로 "마음의 사진"이며, 작법作法은 덧칠에 불과하다. 물론 그 덧칠도 마음의 움직임을 따른다. 그러므로 글쓰기는 교육, 문화 일반의 "중대한 기초공사" "글은 곧 그 사람이다."
>
> (김진영 교수의 「자작나무 숲」에서)

"작문이란 글을 짓는 동시에 인격을 짓는 것"
그는 이 한 마디에 그를 다 말하고 있다.

오래된 아버지의 편지

광주 동생 집에 갔는데, 동생이 아버지가 보낸 편지라고 보여준다.

"○주에게 / 그간 열심히 공부하고 있었겠지… 그리고 시모님 뫼시고 손 군과 더불어 애들 별 탈 없이 있느냐. 여기는 어머니가 월여 전부터 어지러움증과 불면증으로 신음 중, 오는 27일 상경 치료할 예정이다. 그런데 요즘 일혜가 아파트로 옮기고… 너는 형편상 불능하기로(공부하기에) 제외하였지마는 모두들 모이는 계제라 그냥 와주었으면 좋겠다는 일혜의 편지였다. 내 생각으로는 공부하려면 시간이 없고 또 상당한 낭비가 뒤따라야 하기 때문에… 오려거든 31일 또 1월 1일 날 상경하도록. 서울 동작구 사당동 ○○ 아파트 5동 210호 기일혜(그 전 살던 사당동 집서 멀지 않은 곳이다. 전. 591, 3200) 1982. 12. 22 부父"

관념적인 아버지의 편지. 결혼해서 직장 다니며 공부하는 딸에 대한 착잡한 부정이 스며있다.

청심환과 솔이 언니

추석 전 날 그 지하철역에 내리니, 솔이 님이 나와 있다. 연한 루즈에 연한 살구색 티를 입은 솔이 님은 고상하게 아름답다. 나보다 훨씬 젊지만 나보다 의젓하고 언행이 깊어서 내가 언니라 부르기도. "솔이 언니는 보라색만 어울리는 줄 알았는데 살구색이 기막히게 어울리네요, 같은 색깔 루즈 발라서 더 어울리는가!" 그는 아무런 말이 없다. 희미한 미소만 지을 뿐… 그와 만난 지는 몇 년 안 되지만 아득하게 먼 옛날에 그를 만난 것 같다.

그와 점심 후 카페로, 추계예술대학 지나서 있는 공원. 조그만 식탁과 의자가 딸린 그네에 앉아 흔들리면서 대화한다. 내가 어지러워진다.

그는 나 데리고 내 집 앞까지 와, 약국 찾는다. 청심환 사려고. 약국이 다 문 닫았다. "집에 가서, 청심환 있으면 반쯤 먹고 반은 내일 드세요. 그래야 내일(추석) 활동해요."

그는 그 말만 하고 돌아간다. 내 친언니 같다.

창작의 고뇌

"톨스토이 부활" 삽화를 그린 레어니트 파스테르나크(화가: 〈닥터 지바고〉로 노벨문학상 받은 보리스 파스테르나크의 아버지)는 톨스토이와 한 집에 기거하였다.

"… 파스테르나크(화가)는 그(톨스토이)와 한 집에 기거하며 한 줄의 문장과 한 단락의 장면을 구상하기 위해 영혼의 밑바닥까지 샅샅이 훑어 언어를 건져내는 창작의 고단함을 누구보다 잘 알고 있었다. 텅 빈 캔버스 위에 오직 붓과 색으로 온전히 새로운 세상을 만들어 내야 하는 화업畵業의 무게와 희열을 그 자신 또한 늘 겪고 있었으니 말이다…"(창작의 번뇌, 우정아의 아트 스토리에서)

글 쓰다 심령이 메말라져서, '언제라도 점심 먹으러 오라는' 철산 친구 댁에 갔다. 점심 들고 근처 〈기형도 문학관〉을 찾았다. 문학관 옆 입석에 새겨진 시 "빈집" 읽고 그의 절망적 슬픔에 잠겨서 왔다. 그 절망적 슬픔에 내 안이한 심령이 함몰되면서 새롭게 깨어난다.

슬픔 닦아주는 기쁨 있는데

기형도 문학관 옆, 입석에 새겨진 시 "빈집" 전문이다.

"사랑을 잃고 나는 쓰네 //
잘 있거라, 짧았던 밤들아 /
창밖을 떠돌던 겨울 안개들아 /
아무것도 모르던 촛불들아, 잘 있거라 /
공포를 기다리던 흰 종이들아 /
망설임을 대신하던 눈물들아 /
잘 있거라, 더 이상 내 것이 아닌 열망들아 //
장님처럼 나 이제 더듬거리며 문을 잠그네 /
가엾은 내 사랑 빈집에 갇혔네"

29세에 요절한 시인은 왜 이렇게 절망적인 시를 도저到底하게 남기고 갔을까?
가끔 41세에 간 카프카를 슬퍼하듯이 그를 슬퍼한다.
슬픔 뒤에는, 슬픔 닦아줄 기쁨 있고, 그걸 난 믿는데, 천재 시인은 그걸 안 믿고 갔을까? 그걸 거부했을까?

이 시대 가정 지킴이

철산 친구 댁에서 점심 후, 숭늉은 식혜다. 소화 돕는 한국식 차다. 식혜 만드는 큰 전기밥솥이 베란다 선반에 놓여 있다. 거기엔 보리차 끓이는 큰 스텐 주전자, 타일 바닥엔 작은 차돌멩이도 5, 6개. 그리고 "스토키" 그늘에서만 자라는 줄 알았는데, 남향 베란다에서 햇빛 많이 받고 무수히 올라오는 어린 새끼들. 뽑아내도 계속 올라온다는 그것들이 화분 두 개에 조르륵 심어져 있다. '생육하고 번성하라' 성경 창세기 말씀은 식물인 스토키에도 하시는 말씀 같다.

친구(70대 초)는 종일 집안일 하는데, 쉴 틈이 별로 없다고 한다. 집안일은 가족 의식주, 생명의 일이라 끝도 없이 심신의 잔손을 요구한다. 이 소중한 일을 지금은 기계, 남이 해 치우니 따뜻해야 할 가정이 썰렁하다. 그런 의미에서 친구는 이 시대 가정 지킴이. 시대가 변해도 가정은 따뜻해야—

아내가 만든 더운 음식이 식탁에 놓이는 집, 그런 가정은 아내가 돈 많이 벌어 와도 못 만든다.

생명, 기쁨, 평안 있는 에덴동산이 가정이다.

정희 님 댁 베란다 정원

계속 글을 쓰다 보니 영혼이 메말라, 찾아간 철산 정희 님 댁. 그 댁 베란다는 내게 쉼을 주는 정원이다. 작은 거실에 딸린 조그만 베란다. 그가 차려 준 점심 들고, 베란다로 나간다. 나간다고 할 것도 없다. 방에서 한 발짝만 내밀면, 주황색 타일 바닥이다. 빛나는 타일 바닥에 주저앉는다.

정남향 초가을 볕을 몸으로 받아내면서… 확 트인 푸른 하늘 흰 구름 떠 있고, 아래는 푸른 나무 숲 일렁이고.

내 마음은 맑음, 조용함으로 가득차지면서 메마름이 가신다. 철산 정희 님 댁, 아늑한 베란다는 잠시 내 정원이요, 깊은 안식처다.

정희 님이 베란다에 앉아 있는 나를 보고 기겁하면서,
"어머, 어머, 선생님 왜 저러실까?…"
"가만 계셔요. 저는 지금 가장 행복하니까요."
두세 평 남짓 되는 베란다 정원의 아늑 무한함—
사람에게 필요한 건, 한 끼 밥에 고요와 햇빛 조금.
그 이상 무엇이 더 필요하랴.

액자 제작

광주 동생 집에서 우리(동생과 나)는 금남로 가는 버스 타고, 급히 시내 "예술의 거리"로 간다. 용건은 동생의 아름다운 젊음 담긴 사진 넣을 액자 주문 제작하러. 예술성 있는 그 사진이 나를 매료시켜서, 식탁 옆에 걸어 놓고 보면서, 동생 마음이 새로워지라고.

30분 후 목적지에 도착, "액자 제작" 가게에 들러 주문하고 기다린다. 20여 분 후, 완성된 액자 들고 우리는 무슨 보물이나 안은 소녀들처럼 흥분하며 집으로 향한다.

동생은 보통 큰 키에 갸름한 얼굴, 유난히 곱고 흰 피부에 생김생김이 동양적으로 가냘프다. 그리고,

우리가 안고 온 액자 속 동생 사진(37세)은,

머리를 묶고 고개를 약간 쳐들어, 얼굴 윤곽과 선이 그대로⋯ 그 얼굴은 신성에 가까운 고요가 정적처럼,

땅의 고뇌 벗어버린 무아, 평안의 경지인가.

주룩주룩 쏟아지는 빗속에 오신 손님들

동생이 이사 간 집에 에어컨 설치해 주러 온 중년 부부. 주룩주룩 쏟아지는 빗속에 오신 그들을 동생과 나는 친절하게 맞이한다. 이 비바람 속에 얼마나 고단하실까.

그들(부부)이 에어컨 설치 공사 끝낼 때쯤, 우리가 드린 부탁— 내가 서울 가면, 약한 동생이 남은 일(그림 액자 걸기) 어떻게 할까? 누가 해주어야 하는데, 걱정하던 참인데 그들이 왔다. 그들은 동생 사진 그림 액자를 걸고, 커튼 걸이까지 설치하는데, 한 시간 이상 걸린다. 그들에게 수고비 넉넉히 드리자, 남자는 별로 고맙지도 않은 표정. 요약하면,

'당신네 부탁 들어준 건, 처음 들어왔을 때 당신들이 너무 친절하게 대해줘서— 대가 바라고 한 건 아니라고.'

우리가 그들을 귀빈 대접하니, 그들도 우리를 귀빈 대접한다고. "그러므로 무엇이든지 남에게 대접을 받고자 하는 대로 너희도 남을 대접하라 이것이 율법이요 선지자니라"
(마태복음 7:12)

지극히 인간적인 남편

오빠와 약속 시간 맞추느라 급히 서두르다. 휴대폰도 안 가지고 지하철역으로 갔다. 불안함 속에서 망설이다 지하철에 오른다. 내 옆에 앉은 오빠가 전화 받더니, 내게 건네준다. 남편이다.

"내가 전화기 들고 뛰어갔더니, 금방 떠났데. 차 꼬리만 보이데… 오빠에게 다음 역에서 기다리라 하고 갖다 줄까 하다 그만 뒀네." "잘했어요… 차 꼬리만 보입디까? 그 말이 재밌네요."

나는 젊어서 승용차 없는 남편을 고마워했다. 차 있으면 어디 여행 가자고 할까 봐. 프랑스 시인 말라르메는 중학교 영어선생이었다. 남편이 학교 선생님이라 자랑스러웠다.

뭣보다 남편이 돈 많고 명예 많은 사람 아닌 걸 감사했다. 그런 것들은 나를 번거롭게, 침잠을 방해하기에.

아내가 잊고 간 휴대폰 들고 지하철역까지 뛰어가서 멍하니 차 꼬리만 쳐다보다 가는 범부 남편이 좋다. 약한 아내 병원도 데려가고, 아내 허물엔 둔감한 대범한 남편이 편안하다.

늙은 남자는 죽은 남자인가

"요즘, 내게 가슴으로 저며 오는 말은 '하나님 아버지'입니다." 어느 노년 목사님 말씀이다.

지금 내게 가슴 저며 드는 말은 무엇일까? 어머니?

수필집 〈수박색 치마의 어머니〉 어머니 보내고 얼마간 숨이 멎게 아팠지만, 지금은 아니다.

아들들도 사랑하는 사람들 있어, 지금 내 가슴 저미는 사람은 남편이다. 내 남편이어서가 아니라, 모든 생명의 어미로서 '늙은 남자' 자체를 말하는 것. 늙은 여자는 죽은 여자라지만, 늙은 남자도 죽은 남자다. 돕는 배필인 아내가 그를 살게 해야 한다. 이게 천리天理다.

요즘도 경동시장에 가 시장 봐오고, 마트에서 식자재 사서 무겁게 들고 오는 남편. 그때마다 아내는 남편 나이(90) 잊고 청년으로 안다. 아내는 남편 어머니 노릇하기가 어렵다. 시어머님 입장이 돼 남편을 도와야 하는데, 게으르고 못된 아내— 남편 밥이라도 내 손으로 해야지 한다.

엎드려 기어야만 보이는 것들

양자 님 댁 마루는 윤이 난다. 저녁마다 손으로(물걸레) 닦아서. 나도 우리 집 거실, 무릎 꿇고 물걸레로 닦는다.

오늘 아침도 더럽혀진 걸레 서너 개, 힘들게 손으로 빨면서, 내가 왜 이리 힘들게 살지… 내 인생, 무릎 꿇고 손으로 물걸레질 하듯, 참 미련하게도 살았네. 서러워지면서 지나간 삶이 되돌아봐진다. 지금까지 사람들에게 많이 엎드려 기면서 살았구나. 이런 말, 누가 이해나 할까? 다 모를 것이다.

아들이 대학생 때, "엄마, 남한테 양보하고 참고 살면 바보로 알고 무시해요. 이젠 그렇게 안 살기로 했어요. 엄마도 그렇게 살지 마세요." "넌 그게 되니? 난 안 돼… 난 그럴 때, 나를 무시하는 사람 맘속을 들여다보고 있어…"

그렇게 살다보니, 보이는 것이 있다. 인생—

예수님은 세상사람 다 품어 사랑하시려고 가장 낮은 마구간에서 태어나셨다. 나는 사람이 두려워서(?) 그 밑에 엎드려 살면서 배웠다. 맨 밑바닥으로 내려가야만—

그 사람이 보인다는 것을.

기일혜 작가의 끝나지 않은 이야기 ❹

언니, 가을인가 봐요

초판 발행일 2025년 1월 10일

지은이 기일혜
펴낸이 임만호
펴낸곳 창조문예사
등 록 제16-2770호(2002. 7. 23)
주 소 서울 강남구 선릉로112길 36(삼성동) 창조빌딩 3F(우 : 06097)
전 화 02) 544-3468~9
F A X 02) 511-3920
E-mail holybooks@naver.com

책임편집 김미정
디자인 이선애
제 작 임성암
관 리 양영주

ISBN 979-11-91797-66-4 03810
정 가 7,000원

※ 잘못된 책은 바꾸어 드립니다.